Von Wellen und Weite

Die schönsten literarischen Geschichten vom Meer

arsEdition

Inhalt

Und die See gibt
ihnen neue Hoffnung,
wie die Nacht ihnen
neue Träume bringt.

KOLUMBUS

Sehnsuchtsvoll …

… stehst du am Ufer des Meeres. Den Blick in die Ferne gerichtet, lauschst du dem Rauschen der Wellen, spürst den Wind auf der Haut, atmest die frische, salzige Brise.

Lass jetzt die Leinen los! Tauche ein in die Welt der Freiheit und des Abenteuers. Denn nicht nur sonniges Glück ist uns das Meer, es steht auch für das Tosen gewaltiger Stürme, für Gefahr und das Ungewisse.

Mit den hier versammelten Erzählungen, Romanausschnitten und Zitaten bekannter Autoren kannst du den grauen Alltag hinter dir lassen und zu neuen Ufern aufbrechen. Stille dein Fernweh und entdecke mutig das Spiel der Wellen und unendliche Weiten – ganz bequem vom Sofa aus.

Diese feine Auswahl an literarischen Klassikern in Kurzform – mal philosophisch, mal fantastisch – ist auch ein wunderbares Buchgeschenk: als kleiner Urlaubsersatz oder zur Vorfreude auf die nächste große Reise.

SERGIO BAMBAREN

Der träumende Delfin

Den Träumern in uns allen

Mögen all deine Träume sich erfüllen, Träumer;
mögen sie dir stets
Glück und Erkenntnis bringen.

Die ersten morgendlichen Sonnenstrahlen brachen durch den sich aufklärenden Himmel, unter dem sich die unberührte Schönheit einer einsamen Koralleninsel auftat, wie eine Perle eingelassen in das tiefblaue Meer.
Unweit der Insel hatte sich gerade ein tropisches Gewitter entladen und das Meer klatschte in gewaltigen Wogen gegen das Riff. Der einst so stille Ozean war in eine tobende, Gischt schäumende Brandung verwandelt. Plötzlich tauchte unter einer riesigen, fast schon brechenden Welle ein junger Delfin aus der Tiefe empor. Während er die über das Riff brandende Welle durchschwamm und mit angehaltenem Atem zwischen Wellental und Kamm balancierte, zog er eine weiße Spur hinter sich her.
Langsam wölbte sich die immer hohler brechende Welle über ihm, bis er sich an dem Ort wiederfand, von dem alle Surfer träumen: dem Tunnel.
Nachdem er die Wellenwand entlanggeschossen war, vollführte der einsame Delfin eine steile Kehrtwende und glitt dann mit einem eleganten Manöver aus der Welle hinaus.
Dann beschloss er, dass er für diesen Morgen genug gesurft hatte, und schwamm erschöpft, aber glücklich zurück in die Lagune der Insel.
Daniel Alexander Delfin und die Brandung waren unzertrennlich. Die vielen Sonnenauf- und -untergänge, die er Morgen für Morgen und Abend für Abend betrachtete, und das viele Surfen, bei dem er stets jedes Zeitgefühl verlor, hatten Daniel gezeigt, dass es nichts Wichtigeres in seinem Leben gab als jene Momente, in denen er auf den Wellen ritt.
Daniel Delfin liebte das Surfen mehr als alles andere. Es war ihm in Fleisch und

Blut übergegangen; und es gab ihm ein Gefühl von Freiheit. Durch das Wellenreiten konnte er auf eine einzigartige Weise mit dem Meer kommunizieren und erkennen, dass der Ozean nicht nur eine Masse sich bewegenden Wassers war, sondern etwas Lebendiges, das voller Weisheit und Schönheit steckte.

Daniel Delfin war ein Träumer. Er war überzeugt, dass es im Leben mehr gab als Fischen und Schlafen, und so hatte er beschlossen, all seine Kraft darauf zu verwenden, im Wellenreiten und in der Weisheit des Meeres den wahren Sinn des Lebens zu finden. Das war sein Traum.

Von Anfang an bescherte ihm diese Einstellung Probleme mit seinem Schwarm. Viele seiner Freunde konnten nicht verstehen, wonach er strebte.

Jeden Morgen sahen die anderen, wenn sie sich zum Fischen aufmachten, Daniel zu, wie er auf das Riff zusteuerte, bereit, sich von Neuem in die Wellen zu stürzen. Wie konnte er nur so viel Zeit mit etwas verschwenden, das überhaupt nichts zu seinem Lebensunterhalt beitrug? Es war einfach verrückt.

Als Daniel eines Abends aus der Brandung zurückkehrte, kam Michael Benjamin Delfin, sein bester Freund, auf ihn zu und fragte ihn:

»Was tust du da eigentlich, Daniel? Warum setzt du im Riff dein Leben aufs Spiel? Was willst du eigentlich beweisen?«

»Ich will überhaupt nichts beweisen. Ich will einfach nur wissen, was ich vom Meer und vom Wellenreiten lernen kann. Das ist alles.«

»Mein Gott, Daniel, viele Delfine, denen etwas an dir liegt, glauben, dass du früher oder später umkommen wirst. Auf kleinen Wellen zu reiten war ja noch lustig, als wir Junge waren, aber jetzt gehst du wirklich zu weit. Warum fängst du nicht einfach mehr Fische, anstatt ständig deine Zeit damit zu verschwenden, am Riff zu surfen?«

Daniel Delfin starrte seinen alten Freund an und nach einem Moment des Schweigens sagte er:

»Michael, schau dich doch einmal um. Unsere Welt ist voll von Delfinen, die Tag für Tag von morgens bis abends fischen. Ständig fischen sie. Sie haben keine Zeit mehr, ihre Träume zu verwirklichen. Anstatt zu fischen, um zu leben, leben sie nur noch, um zu fischen.«

Daniel musste an früher denken:

»Ich erinnere mich sehr gut an einen jungen, starken Michael Delfin, der stundenlang auf die Wellen starren und davon träumen konnte, selbst oben auf einer dieser riesigen Wasserwände zu schweben. Jetzt sehe ich nur noch einen verschreckten Delfin, der ständig fischt und Angst davor hat, seine Träume auszuleben. Was kann denn wichtiger sein im Leben, als die eigenen Träume zu verwirklichen, ganz egal, wie sie aussehen?« Er sah seinen Freund fest an. »Du musst in deinem Leben Zeit zum Träumen finden, Michael. Lass nicht zu, dass deine Ängste deinen Träumen im Weg stehen.«

Michael war verwirrt, weil er im Grunde wusste, dass sein Freund recht hatte. Aber nichts lag ihm ferner als die Vorstellung von einem Leben voller Träume. Er war schließlich kein Delfinbaby mehr und an die Stelle von Träumen waren jetzt Pflichten getreten. War das nicht auch der Grund, warum er fischte? Was würden außerdem die anderen Delfine denken, wenn sie ihn auf den Wellen reiten sähen?

Wenn er sich an seine Zeit als Surfer erinnerte, erschien sie ihm wie ein Teil seiner Jugend, wie etwas Vergangenes.

Er hatte schon häufiger mit dem Gedanken gespielt, wieder einmal zu surfen, aber wenn er den ganzen Tag gefischt hatte, war er abends so müde, dass er immer einen guten Grund fand, es dann doch sein zu lassen.

Michael sah seinen Freund an. Er versuchte, überzeugend zu klingen:

»Eines Tages wirst du erwachsen werden, Daniel, und alles genauso sehen wie unser Schwarm. Es gibt keinen anderen Weg.«

Und damit war Michael fort.

Daniel war traurig, denn obwohl Michael sich seit der Zeit, als sie noch gemeinsam surften und immer auf der Suche nach neuen, geheimen Winkeln waren, sehr verändert hatte, liebte er ihn genauso wie damals. Er wusste, dass die Freude, die sie damals miteinander erlebt hatten, tief in seinem Herzen war, aber aus irgendeinem Grund hatte Michael aufgehört zu träumen.

Daniel tat es in der Seele weh, aber er spürte, dass er nicht mehr tun konnte, um seinem Freund zu helfen.

Er wusste, dass er auf Unverständnis stoßen würde, wenn er versuchte, sich den anderen mitzuteilen und ihnen das Freiheitsgefühl nahezubringen, das er beim Wellenreiten empfand.

Aber Daniel Delfin wusste auch, dass die Faszination jenes Augenblicks, wenn er allein inmitten der endlosen Weite seines geliebten Ozeans hoch oben auf einer Welle ritt, ihn nie wieder loslassen würde.

Er hatte beschlossen, nach seinen eigenen Prinzipien zu leben, und obwohl er manchmal einsam war, bereute er nichts.

In den folgenden Tagen und Wochen lernte Daniel viel dazu. Er verbrachte den ganzen Tag in der Brandung am Riff und vergaß manchmal sogar, eine Pause zu machen, um etwas zu essen. Und obwohl das Leben, das er gewählt hatte, ihn glücklich machte, wünschte er sich, er hätte das, was er empfand, mit den anderen Delfinen seines Schwarms teilen können. »Wenn ich nur einen Weg finden könnte, ihnen klarzumachen, welches Freiheitsgefühl mich beim Wellenreiten packt«, dachte er, »vielleicht würden sie dann begreifen, wie wichtig es ist, seinen Träumen nachzugehen.

Aber vielleicht habe ich ja gar nicht das Recht, mich in ihr Leben einzumischen. Wer bin ich eigentlich, ihnen vorzuschreiben, was richtig ist und was falsch?

Von jetzt an werde ich einfach versuchen, selbst so gut zu sein, wie ich kann. Es gibt immer noch viele Dinge, die ich beim Surfen herausfinden muss, ich werde also niemanden mehr belästigen.«

Daniel war zufrieden mit seiner Entscheidung. Er würde einfach weiter seinen Träumen nachgehen, wie er es schon immer getan hatte.

Er schwamm zurück in Richtung Lagune, als er plötzlich eine Stimme hörte.

Er konnte sie kaum verstehen, aber es waren eindeutig Worte, die ihm jemand zuflüsterte.

Wer konnte das sein?

In seiner Verwirrung verlor Daniel das Gleichgewicht und wurde beinahe ans Ufer gespült. Wer rief da nach ihm? Die Stimme klang so vertraut, als würde er sie seit jeher kennen. Er schaute um sich, doch er war eindeutig allein.

Jetzt bekam er Angst. Verlangte die Einsamkeit – der Preis, den er für die Verwirklichung seiner Träume zahlte – ihren Tribut? War er verrückt geworden?

Und dann hörte er die Stimme noch einmal. Doch dieses Mal war sie klar zu vernehmen:

»Es kommt eine Zeit im Leben, da bleibt einem nichts anderes übrig, als seinen eigenen Weg zu gehen.

Eine Zeit, in der man die eigenen Träume verwirklichen muss.

Eine Zeit, in der man endlich für die eigenen Überzeugungen eintreten muss.«

Daniel fühlte sich äußerst unbehaglich. Jemand, der offenbar seine Gedanken lesen und seine Seele durchleuchten konnte, kam da seinem größten Geheimnis auf die Spur.

»Wer bist du?« fragte er.

»Ich bin die Stimme des Meeres.«

»Die Stimme des Meeres?«

»Ja, Daniel. Du hast etwas erreicht, das andere Delfine sich nicht einmal vorstellen können. Und jetzt werden sich die harte Arbeit und das lange, einsame Üben in der Brandung, bei dem du immer deinen Traum vor Augen hattest, endlich auszahlen.«

Und dann hörte Daniel Delfin jene Worte, die sein Leben ein für allemal verändern sollten:

»Du hast viel gelernt, Daniel, und jetzt wird dein Leben in eine neue Phase treten, in der du die Antwort auf deine Träume finden wirst.«

Die Stimme war klar und kräftig. Daniels anfängliche Angst war verschwunden und er hörte die Worte nicht nur, sondern verstand sie auch.

»Ich habe schon seit einiger Zeit versucht, mit dir in Kontakt zu treten und dir in schwachen Momenten zur Seite zu stehen. Hab' keine Angst mehr. Solange du deinen Träumen nachgehst, werde ich immer da sein, um dir zu helfen. Vertraue deinem Instinkt, achte auf die Zeichen, die dir auf deinem selbst gewählten Weg begegnen werden, und du wirst dir deinen Traum erfüllen.«

Die Stimme wurde langsam schwächer.

»Nein, warte bitte!«, flehte Daniel. »Ich habe noch ein paar wichtige Fragen. Wohin soll ich jetzt gehen? Wie kann ich wissen, was ich tun soll? Und wie soll ich den wahren Sinn des Lebens finden?«

Mit der sanftesten Stimme, die Daniel je gehört hatte, sagte das Meer: »Ich kann dir nur eines sagen, Daniel Alexander Delfin: Du wirst den wahren Sinn des Lebens finden, und zwar genau an dem Tag, an dem du auf der perfekten Welle geritten bist.«

»Auf der perfekten Welle? Was meinst du damit? Wie soll ich die finden?«

Und die Stimme des Meeres drang direkt in Daniels Herz:

»Gerade in der größten Verzweiflung
hast du die Chance,
dein wahres Selbst zu finden.
Genauso wie Träume lebendig werden,
wenn du am wenigsten damit rechnest,
wird es mit den Antworten auf jene
Fragen sein,
die du nicht lösen kannst.
Folge deinem Instinkt
wie einem Pfad der Weisheit,
und lass Hoffnung
deine Ängste vertreiben.«

»Du bist auf dem richtigen Weg, Daniel«, sagte das Meer, »und jetzt muss ich gehen.«
Die Stimme verschwand.
Es dauerte eine Weile, bis Daniel begriffen hatte, welch ein Geschenk er soeben empfangen hatte. »Das Meer liebt mich genauso, wie ich es liebe«, dachte er, »und es hat all jene schönen Momente mit mir geteilt, genauso, wie ich es selbst immer empfunden habe. Jetzt wird es mich auch an seiner Weisheit teilhaben lassen.«
Und dieses neue Verständnis würde gewiss sein ganzes Leben verändern.
Er wusste nicht, wohin diese Offenbarung ihn führen würde, aber er wusste, dass er sich nicht mehr einsam fühlen würde. Nicht, solange er seinen Traum verfolgte (...)

DANIEL DEFOE

Robinson Crusoe

Eines Tages befand ich mich zu Hull, wohin ich jedoch zufällig und ohne etwa Fluchtgedanken zu hegen, mich begeben hatte. Ich traf dort einen meiner Kameraden, der im Begriff stand, mit seines Vaters Schiff zur See nach London zu gehen. Er drang in mich, ihn zu begleiten, indem er nur die gewöhnliche Lockspeise der Seeleute, nämlich freie Fahrt, anbot. So geschah es, dass ich, ohne Vater oder Mutter um Rat zu fragen, ja ohne ihnen auch nur ein Wort zu sagen, unbegleitet von ihrem und Gottes Segen und ohne Rücksicht auf die Umstände und Folgen meiner Handlung, in böser Stunde (das weiß Gott!) am ersten September 1651 an Bord des nach London bestimmten Schiffes ging.

Niemals, glaube ich, haben die Missgeschicke eines jungen Abenteurers rascher ihren Anfang genommen und länger angehalten als die meinigen. Unser Schiff war kaum aus dem Humberfluss, als der Wind sich erhob und die See anfing, fürchterlich hochzugehen. Ich war früher nie auf dem Meer gewesen und wurde daher leiblich unaussprechlich elend und im Gemüt von furchtbarem Schrecken erfüllt. Jetzt begann ich ernstlich darüber nachzudenken, was ich unternommen und wie die gerechte Strafe des Himmels meiner böswilligen Entfernung vom Vaterhaus und meiner Pflichtvergessenheit alsbald auf dem Fuß gefolgt sei. Alle guten Ratschläge meiner Eltern, die Tränen des Vaters und der Mutter Bitten traten mir wieder vor die Seele und mein damals noch nicht wie später abgehärtetes Gewissen machte mir bittere Vorwürfe über meine Pflichtwidrigkeit gegen Gott und die Eltern.

Inzwischen steigerte sich der Sturm und das Meer schwoll stark, wenn auch bei Weitem nicht so hoch, wie ich es später oft erlebt und schon einige Tage nachher gesehen habe. Doch reichte es hin, mich, als einen Neuling zur See und da ich völlig unerfahren in solchen Dingen war, zu entsetzen. Von jeder Woge meinte ich, sie würde uns verschlingen, und so oft das Schiff sich in einem Wellental

befand, war mir, als kämen wir nimmer wieder auf die Höhe. In dieser Seelenangst tat ich Gelübde in Menge und fasste die besten Entschlüsse. Wenn es Gott gefalle, mir das Leben auf dieser Reise zu erhalten, wenn ich jemals wieder den Fuß auf festes Land setzen dürfe, so wollte ich alsbald heim zu meinem Vater gehen und nie im Leben wieder ein Schiff betreten. Dann wollte ich den väterlichen Rat befolgen und mich nicht wieder in ein ähnliches Elend begeben. Jetzt erkannte ich klar die Richtigkeit der Bemerkungen über die goldene Mittelstraße des Lebens. Wie ruhig und behaglich hatte mein Vater sein Leben lang sich befunden, der sich nie den Stürmen des Meeres und den Kümmernissen zu Lande ausgesetzt hatte. Kurz, ich beschloss fest, mich aufzumachen gleich dem verlorenen Sohn und reuig zu meinem Vater zurückzukehren.

Diese weisen und verständigen Gedanken hielten jedoch nur Stand, solange der Sturm währte und noch ein Weniges darüber. Am nächsten Tag legte sich der Wind, die See ging ruhiger und ich ward die Sache ein wenig gewohnt. Doch blieb ich den ganzen Tag still und ernst und litt noch immer etwas an der Seekrankheit. Am Nachmittag aber klärte sich das Wetter auf, der Wind legte sich völlig und es folgte ein köstlicher Abend. Die Sonne ging leuchtend unter und am nächsten Morgen ebenso schön auf. Wir hatten wenig oder gar keinen Wind, die See war glatt, die Sonne strahlte darauf und ich hatte einen Anblick so herrlich wie nie zuvor.

Nach einem gesunden Schlaf, frei von der Seekrankheit und in bester Laune betrachtete ich voller Bewunderung das Meer, das gestern so wild und fürchterlich gewesen und nun so friedlich und anmutig war. Und gerade jetzt, damit meine guten Vorsätze ja nicht standhalten sollten, trat mein Kamerad, der mich verführt hatte, zu mir.

»Nun, mein Junge«, sagte er, mir mit der Hand auf die Schulter klopfend, »wie ist's bekommen? Ich wette, du hast Angst ausgestanden bei der Handvoll Wind, die wir gestern hatten, wie?«

»Eine Handvoll Wind nennst du das?«, erwiderte ich, »es war ein grässlicher Sturm.«

»Ein Sturm? Narr, der du bist; hältst du das für einen Sturm? Gib uns ein gutes Schiff und offene See, so fragen wir den Teufel was nach einer solchen elenden Brise. Aber du bist nur ein Süßwassersegler; komm, lass uns eine Bowle Punsch machen, und du wirst bald nicht mehr an die Affäre denken. Schau, was für ein prächtiges Wetter wir haben!«

Um es kurz zu machen, wir taten nach Seemannsbrauch. Der Punsch wurde gebraut und ich gehörig angetrunken. Der Leichtsinn dieses einen Abends ersäufte alle meine Reue, all meine Gedanken über das Vergangene, alle meine Vorsätze für die Zukunft. Wie die See, als der Sturm sich gelegt, wieder ihre glatte Miene und friedliche Stille angenommen hatte, so war auch der Aufruhr in meiner Seele vorüber. Meine Befürchtungen, von den Wogen verschlungen zu werden, hatte ich vergessen, meine alten Wünsche kehrten zurück, und die Gelübde und Verheißungen, die ich in meinem Jammer getan, waren mir aus dem Sinn. Hin und wieder stellten sich indessen meine Bedenken wiederum ein und ernsthafte Besorgnisse kehrten von Zeit zu Zeit in meine Seele zurück. Jedoch ich schüttelte sie ab und machte mich davon los gleich als von einer Krankheit, hielt mich ans Trinken und an die lustige Gesellschaft und wurde so Herr über diese Anfälle, wie ich sie nannte. Nach fünf oder sechs Tagen war ich so vollkommen Sieger über mein Gewissen, wie es ein junger Mensch, der entschlossen ist, sich nicht davon beunruhigen zu lassen, nur sein kann.

Aber ich sollte noch eine neue Probe bestehen. Die Vorsehung hatte, wie in solchen Fällen gewöhnlich, es so geordnet, dass mir keine Entschuldigung bleiben konnte. Denn wenn ich das erste Mal mich nicht für gerettet ansehen wollte, so war die nächste Gelegenheit so beschaffen, dass der gottloseste und verhärtetste Bösewicht sowohl die Größe der Gefahr als die der göttlichen Barmherzigkeit dabei hätte anerkennen müssen.

Am sechsten Tag unserer Fahrt gelangten wir auf die Reede von Yarmouth. Der Wind war uns entgegen und das Wetter ruhig gewesen, und so hatten wir nach dem Sturm nur eine geringe Strecke zurückgelegt. Dort sahen wir uns genötigt, vor Anker zu gehen, und lagen, weil der Wind ungünstig, nämlich aus Südwest blies, sieben oder acht Tage daselbst.

Wir wären jedoch nicht so lange hiergeblieben, sondern mit der Flut allmählich stromaufwärts gegangen, hätte der Wind nicht zu heftig geweht. Nach dem vierten oder fünften Tag blies er besonders scharf. Da aber die Reede für einen guten Hafen galt, der Ankergrund gut und unser Ankertau sehr stark war, machten unsre Leute sich nichts daraus, sondern verbrachten ohne die geringste Furcht die Zeit nach Seemannsart mit Schlafen und Zechen. Den achten Tag aber ward des Morgens der Wind stärker, und wir hatten alle Hände voll zu tun, die Topmasten einzuziehen und alles zu dichten und festzumachen, dass das Schiff so ruhig wie möglich vor Anker liegen könnte. Um Mittag ging die See sehr hoch. Es schlugen große Wellen über das Deck, und ein- oder zweimal meinten wir, der Anker sei losgewichen, worauf unser Kapitän sogleich den Notanker loszumachen befahl, sodass wir nun von zwei Ankern gehalten wurden.

Unterdessen erhob sich ein wahrhaft fürchterlicher Sturm, und jetzt sah ich zum ersten Mal Angst und Bestürzung auch in den Mienen unserer Seeleute. Ich hörte den Kapitän, der mit aller Aufmerksamkeit auf die Erhaltung des Schiffes bedacht war, mehrmals, während er neben mir zu seiner Kajüte hinein- und herausging, leise vor sich hinsagen: »Gott sei uns gnädig, wir sind alle verloren« und dergleichen Äußerungen mehr.

Während der ersten Verwirrung lag ich ganz still in meiner Koje, die sich im Zwischendeck befand, und war in einer unbeschreiblichen Stimmung. Es war mir nicht möglich, die vorigen reuigen Gedanken, die ich so offenbar von mir gestoßen hatte, wieder aufzunehmen. Ich hatte geglaubt, die Todesgefahr überstanden zu haben, und gemeint, es würde jetzt nicht so schlimm werden wie das erste Mal. Jedoch als der Kapitän in meine Nähe kam und die erwähnten Worte sprach, erschrak ich fürchterlich. Ich ging aus meiner Kajüte und sah mich um. Niemals hatte ich einen so furchtbaren Anblick gehabt. Das Meer ging bergehoch und überschüttete uns alle drei bis vier Minuten. Wenn ich überhaupt etwas sehen konnte, nahm ich nichts als Jammer und Not ringsum wahr. Zwei Schiffe, die nahe vor uns vor Anker lagen, hatten, weil sie zu schwer beladen waren, ihre Mastbäume kappen und über Bord werfen müssen, und unsre Leute riefen einander zu, dass ein Schiff, welches etwa eine halbe Stunde von uns ankerte, gesunken sei. Zwei andere Schiffe, deren Anker nachgegeben hatten, waren von der Reede auf die See getrieben und, aller Masten beraubt, jeder Gefahr preisgegeben. Die leichten Fahrzeuge waren am besten daran, da sie der See nicht so vielen Widerstand entgegensetzen konnten; aber zwei oder drei trieben auch von ihnen hinter uns her und wurden vom Wind, dem sie nur das Sprietsegel boten, hin und her gejagt.

Gegen Abend fragten der Steuermann und der Hochbootsmann den Kapitän, ob sie den Fockmast kappen dürften. Er wollte anfangs nicht daran, als aber der Hochbootsmann ihm entgegenhielt, dass, wenn es nicht geschähe, das Schiff sinken würde, willigte er ein. Als man den vorderen Mast beseitigt hatte, stand der Hauptmast so lose und erschütterte das Schiff dermaßen, dass die Mannschaft genötigt war, auch ihn zu kappen und das Deck frei zu machen.

Jedermann kann sich denken, in welchem Zustand ich, als Neuling zur See und nachdem ich so kurz vorher eine solche Angst ausgestanden, mich befand. Doch wenn ich jetzt die Gedanken, die ich damals hatte, noch richtig anzugeben vermag, so war mein Gemüt zehnmal mehr in Trauer darüber, dass ich meine früheren Absichten aufgegeben und wieder zu den vorher gefassten Plänen zurückgekehrt war, als über den Gedanken an den Tod selbst. Diese Gefühle, im Verein mit dem Schreck vor dem Sturm, versetzten mich in eine Gemütslage, die ich mit Worten nicht beschreiben kann. Das Schlimmste aber sollte noch kommen!

Der Sturm wütete dermaßen fort, dass die Matrosen selbst bekannten, sie hätten niemals einen schlimmeren erlebt. Unser Schiff war zwar gut, doch hatte es zu schwer geladen und schwankte so stark, dass die Matrosen wiederholt riefen, es werde umschlagen. In gewisser Hinsicht war es gut für mich, dass ich die Bedeutung dieses Worts nicht kannte, bis ich später danach fragte.

Mittlerweile wurde der Sturm so heftig, dass ich sah, was man nicht oft zu sehen bekommt, nämlich wie der Kapitän, der Hochbootsmann und etliche andere, die nicht ganz gefühllos waren, zum Gebet ihre Zuflucht nahmen. Sie erwarteten nämlich jeden Augenblick, das Schiff untergehen zu sehen. Mitten in der Nacht schrie, um unsre Not vollzumachen, ein Matrose, dem aufgetragen war, darauf ein Augenmerk zu haben, aus dem Schiffsraum, das Schiff sei leck und habe schon vier Fuß Wasser geschöpft. Alsbald wurde jedermann an die Pumpen gerufen. Bei diesem Ruf glaubte ich das Herz in der Brust erstarren zu fühlen. Ich fiel rücklings neben mein Bett, auf dem ich in der Kajüte saß, die Bootsleute aber rüttelten mich auf und sagten, wenn ich auch sonst zu nichts nütze sei, so tauge ich doch zum Pumpen so gut wie jeder andere. Da raffte ich mich auf, eilte zur Pumpe und arbeitete mich rechtschaffen ab.

Inzwischen hatte der Kapitän bemerkt, wie einige leichtbeladene Kohlenschiffe, weil sie den Sturm vor Anker nicht auszuhalten vermochten, in die freie See stachen und sich uns näherten. Daher befahl er ein Geschütz zu lösen und dadurch ein Notsignal zu geben. Ich, der ich nicht wusste, was das zu bedeuten hatte, wurde, weil ich glaubte, das Schiff sei aus den Fugen gegangen oder es sei sonst etwas Entsetzliches geschehen, so erschreckt, dass ich in Ohnmacht fiel. Weil aber jeder nur an die Erhaltung des eignen Lebens dachte, bekümmerte sich keine Seele um mich. Ein anderer nahm meine Stelle an der Pumpe ein, stieß mich mit dem Fuß beiseite und ließ mich für tot liegen, bis ich nach geraumer Zeit wieder zu mir kam.

Wir arbeiteten wacker fort, aber das Wasser stieg im Schiffsraum immer höher und das Schiff begann augenscheinlich zu sinken. Zwar legte sich jetzt der Sturm ein wenig, allein unmöglich konnte unser Fahrzeug sich so lange über Wasser halten, bis wir einen Hafen erreichten. Deshalb ließ der Kapitän fortwährend Notschüsse abfeuern. Endlich wagte ein leichtes Schiff, das gerade vor uns vor Anker lag, ein Hilfsboot auszusenden. Mit äußerster Gefahr näherte dieses sich uns, doch schien es unmöglich, dass wir hineinsteigen könnten oder dass es auch nur an unser Schiff anzulegen vermöchte. Endlich kamen die Matrosen mit Lebensgefahr durch mächtiges Rudern so nahe, dass unsere Leute ihnen vom Hinterteil des Schiffes ein Tau mit einer Boje zuwerfen konnten. Als sie unter großer Mühe und Not des Seils habhaft geworden, zogen sie sich damit dicht an den Stern unseres Fahrzeugs heran, worauf wir denn sämtlich uns in das ihrige begaben. Aber nun war gar kein Gedanke daran, dass wir mit dem Boot das Schiff, zu dem es gehörte, erreichen könnten. Daher beschlossen wir einmütig, das Boot vom Wind treiben zu lassen und es nur so viel wie möglich nach der

Küste zu steuern. Der Kapitän versprach den fremden Leuten, ihr Fahrzeug, wenn es am Strande scheitern sollte, zu bezahlen. So gelangten wir denn, teils durch Rudern, teils vom Wind getrieben, nordwärts etwa in der Gegend von Winterton-Ness nahe an die Küste heran.

Kaum eine Viertelstunde hatten wir unser Schiff verlassen, als wir es schon untergehen sahen. Jetzt begriff ich, was es heißt, wenn ein Schiff in See leck wird. Ich gestehe, dass ich kaum den Mut hatte hinzusehen, als die Matrosen mir sagten, das Schiff sei im Sinken. Denn seit dem Augenblick, wo ich in das Boot mehr geworfen als gestiegen war, stand mir das Herz vor Schrecken und Gemütsbewegung und vor den Gedanken an die Zukunft sozusagen still.

Während die Bootsleute sich mühten, uns an Land zu bringen, bemerkten wir (denn sobald uns die Woge in die Höhe trug, vermochten wir die Küste zu sehen), wie eine Menge Menschen am Strand hin und her liefen, um uns, wenn wir herankämen, Hilfe zu leisten. Doch gelangten wir nur langsam vorwärts und konnten das Land nicht eher erreichen, bis wir den Leuchtturm von Winterton passiert hatten. Hier flacht sich die Küste von Cromer westwärts ab und so vermochte das Land die Heftigkeit des Windes ein wenig zu brechen. Dort legten wir an, gelangten sämtlich, wiewohl nicht ohne große Anstrengungen, ans Ufer und gingen hierauf zu Fuß nach Yarmouth. Als Schiffbrüchige wurden wir in dieser Stadt, sowohl von den Behörden, welche uns gute Quartiere anwiesen, als auch von Privatleuten und Schiffseignern, mit großer Humanität behandelt und mit so viel Geld versehen, dass es hingereicht hätte, uns, je nachdem wir Lust hatten, die Reise nach London oder nach Hull zu ermöglichen.

Hätte ich nun Vernunft genug gehabt, in meine Heimat zurückzukehren, so wäre das mein Glück gewesen, und mein Vater würde, um mit dem Gleichnis unseres Heilandes zu reden, das fetteste Kalb zur Feier meiner Heimkehr geschlachtet haben. Nachdem er gehört, das Schiff, mit dem ich von Hull abgegangen war, sei auf der Reede von Yarmouth untergegangen, hat er lange in der Meinung gelebt, ich sei ertrunken.

Jedoch mein böses Schicksal trieb mich mit unwiderstehlicher Hartnäckigkeit vorwärts. Zuweilen zwar sprach mir meine Vernunft und mein besonnenes Urteil laut zu heimzukehren, aber ich hatte nicht die Kraft dazu. Ich weiß nicht, ob es eine geheimnisvolle zwingende Macht, oder wie ich es sonst nennen soll, gibt, die uns treibt, Werkzeuge unseres eigenen Verderbens zu werden, wenn es auch unmittelbar vor uns liegt und wir mit offenen Augen ihm uns nähern. Gewiss ist aber, dass nur ein unabwendbar über mich beschlossenes Verhängnis, dem ich in keiner Weise entrinnen konnte, mich, trotz den ruhigen Gründen und dem Zureden meiner Vernunft und ungeachtet zweier so deutlicher Lehren, wie ich sie bei meinem ersten Versuch erhalten hatte, vorwärts drängte.

RAINER MARIA RILKE

Lied vom Meer

Uraltes Wehn vom Meer,
Meerwind bei Nacht:

du kommst zu keinem her;
wenn einer wacht,
so muss er sehn, wie er
dich übersteht:

uraltes Wehn vom Meer,
welches weht
nur wie für Ur-Gestein,
lauter Raum
reißend von weit herein ...

O wie fühlt dich ein
treibender Feigenbaum
oben im Mondschein.

NIKOS KAZANTZAKIS

Alexis Sorbas

Ein blaues Meer, ein lieblicher Herbst! Die Inseln waren in Licht getaucht. Ein feiner, durchsichtiger Regenschleier bedeckte die unsterbliche Nacktheit Griechenlands. Glücklich der Mensch, dachte ich, der vor seinem Tod für würdig befunden wird, das Ägäische Meer zu befahren. Viele Freuden bietet diese Welt – Frauen, Früchte, Ideen. Doch gibt es, glaube ich, keine Freude, die das menschliche Herz so bewegt, so tief in das Paradies versenken kann, als wenn man, den Namen jeder einzelnen Insel flüsternd, auf einem Schiff die Wogen dieses Meeres durchfurcht. Nirgendwo anders wird man so friedlich und behaglich aus der Wirklichkeit in den Traum versetzt. Die Grenzen verschwimmen und die Masten selbst des altersschwächsten Schiffes treiben Knospen und Weintrauben. Hier in Griechenland ist das Wunder die sichere Blüte der Notwendigkeit.

Gegen Mittag hatte der Regen nachgelassen. Die Sonne zerriss die Wolken, zeigte sich frisch, zart und neu gebadet und hätschelte mit ihren Strahlen die geliebten Gewässer und Küsten.

Ich stand am Bug des Schiffs und genoss das Wunder, das sich bis zum fernen Horizont erstreckte.

Hinter mir im Schiff die wachen Griechen, die gierigen Augen, die Krämerseelen, die politischen Streitigkeiten, ein verstimmtes Klavier, ehrbare, Gift spritzende Damen – eine boshafte, eintönige Provinzmisere. Es war einem, als müsse man das Schiff an beiden Enden packen, es ins Meer tauchen, gut schütteln, um alle Lebewesen darauf, die es verpesten – Menschen, Mäuse, Wanzen –, fortzuschwemmen und es dann wieder leer und frisch gewaschen an die Oberfläche zu bringen.

Dann aber ergriff mich wieder das Mitleid. Ein buddhistisches, kaltes Mitleid, das Ergebnis komplizierter, metaphysischer Gedankengänge. Ein Mitleid nicht nur mit den Menschen, sondern mit der ganzen Welt, die kämpft, schreit, weint, hofft und nicht einsieht, dass alles nur eine Vorspiegelung von Trugbildern des Nichts ist. Mitleid mit den Griechen, Mitleid mit dem Schiff, dem Meer, (...), mit allen diesen eitlen Komplexen von Schatten und Licht, die die reine Luft in Aufruhr versetzen und verpesten.

Ich beobachtete Sorbas. Er saß wachsbleich, in sich gesunken, am Bug des Schiffs auf einer Taurolle. Er roch an einer Zitrone, spitzte seine langen Ohren und hörte zu, wie die Passagiere sich stritten. Die einen waren für den König, die anderen für Venizelos. Er schüttelte den Kopf und spuckte aus.

»Alles olle Kamellen!«, murmelte er verächtlich. »Dass sie sich nicht schämen!«

»Olle Kamellen? Was meinst du damit, Sorbas?«

»Na, alles das! Könige, Republiken, Abgeordnete! Albernes Zeug!«

Für Sorbas waren die Zeitereignisse nur noch »olle Kamellen«, so sehr hatte er alles in sich überwunden. Der Telegraf, das Dampfschiff, die Eisenbahn, die landläufige Ethik, das Vaterland, die Religion erschienen ihm wie ein Haufen Schrott. Seine Seele eilte den irdischen Geschehnissen voraus.

Die Taue in den Masten knirschten, die Küsten tanzten, die Frauen wurden gelb wie Goldmünzen. Sie streckten die Waffen – Schminke, Haarnadeln, Haarkämme –, die Lippen wurden bleich, die Fingernägel blau. Die Krähen mauserten sich, die fremden Federn fielen – Schleifen, falsche Brauen, Schönheitspflästerchen, Brusttücher –, und wenn man sie so nahe dem Brechreiz beobachtete, überkamen einen Ekel und großes Mitleid.

Auch Sorbas wurde gelb und grün und seine funkelnden Augen trübten sich.

Erst gegen Abend wurden seine Augen wieder lebhafter. Er streckte die Hand aus und zeigte mir zwei hüpfende Delfine, die mit dem Schiff um die Wette schwammen. »Delfine!«, rief er erfreut.

Da bemerkte ich zum ersten Mal, dass die Hälfte des Zeigefingers seiner linken Hand fehlte.

»Was ist mit deinem Finger, Sorbas?«, fragte ich.

»Nichts!«, erwiderte er, verärgert, dass ich mich nicht über die Delfine freute wie er.

»Hat eine Maschine ihn abgehackt?«, beharrte ich.

»Eine Maschine? Unsinn! Ich selber habe ihn mir abgeschnitten.«

»Du selbst? Aber warum denn?«

»Ach was! Davon verstehst du doch nichts!«, wehrte er ab und hob die Schultern. »Ich habe dir doch gesagt, dass ich in allen Künsten bewandert bin. Einmal spielte ich auch Töpfer. Ich war ganz närrisch in diese Kunst verliebt. Du kannst dir gar nicht vorstellen, was es heißt, einen Klumpen Tonerde herzunehmen und daraus alles, was du willst, zu machen. Frrr!, surrt das Rad, die Tonerde dreht sich wie verrückt, und du stehst dabei und sagst: ›Ich werde einen Krug, werde einen Teller machen, ich werde einen Leuchter, ich werde den Teufel machen!‹ Das bedeutet Mensch sein, sag ich dir, nämlich Freiheit!« Er hatte die Seekrankheit vergessen. Er biss nicht mehr in die Zitrone, seine Augen wurden wieder klar.

»Also?«, fragte ich. »Und der Finger?«

»War mir am Rad nur ein Hindernis. Er stand immer im Weg und verdarb mir meine Pläne. Ich nahm also eines schönen Tages das Beil ...«

»Tat es nicht weh?«

»Wieso nicht? Bin ich denn ein Holzklotz? Ein Mensch bin ich, es tat mir schon weh. Er behinderte mich aber, wie gesagt, bei meiner Arbeit. Also weg damit!«

Die Sonne ging unter, die See beruhigte sich allmählich, die Wolken zerstreuten sich. Der Abendstern funkelte am Himmel. Ich blickte auf das Meer, dann zum Himmel und wurde nachdenklich (...) So zu lieben, die Axt zu nehmen, sich ein Glied abzuhacken und zu leiden (...) Doch unterdrückte ich meine Bewegung.

»Kein gutes System das, Sorbas!« Ich lachte. »So sah einmal, wie die Legende berichtet, ein Asket eine Frau, die seine männlichen Gefühle reizte, er nahm ein Beil und ...«

»Hol ihn der Teufel!«, unterbrach mich Sorbas, der erriet, was ich sagen wollte.

»Das Ding abhacken! Zum Teufel, der Dummkopf! Das harmlose Ding ist doch niemals ein Hindernis.«

»Wieso?«, beharrte ich. »Sogar ein großes.«

»Woran soll es mich hindern?«

»In den Himmel zu kommen.«

Sorbas blickte mich spöttisch von der Seite an. »Aber, du Dummkopf! Das ist doch gerade der Schlüssel zum Paradies!«

Er hob den Kopf und schaute mir ins Gesicht, als wollte er feststellen, wie ich über das künftige Leben, das Himmelreich, Frauen und Priester dächte. Aber ich glaube, dass er da nicht viel herauslas. Nachdenklich schüttelte er seinen grauen, wurmstichigen Kopf. »Verstümmelte kommen nicht ins Paradies!«, sagte er und schwieg.

Setz dich nicht hin
und warte.
Geh hinaus, spüre das Leben.
Berühre die Sonne und
tauche ins Meer.

RUMI

ALBERT CAMUS

Hochzeit des Lichts

Das Meer
Bordtagebuch

Ich wuchs am Meer auf, und die Armut schien mir kostbar; dann verlor ich das Meer, und aller Luxus erschien mir fortan grau und das Elend unerträglich. Seither warte ich. Ich warte auf die Schiffe der Rückkehr, auf das Haus der Gewässer, auf den hellen Tag. Ich gedulde mich, ich bin höflich mit allen meinen Kräften. Man sieht mich durch schöne, gescheite Straßen gehen, ich bewundere Landschaften, klatsche Beifall wie alle, schüttle die Hände und bin es nicht, der redet. Man lobt mich, ich träume ein wenig, man beleidigt mich, ich bin kaum erstaunt. Dann vergesse ich und lächle den Beleidigenden zu oder grüße allzu höflich jenen, den ich liebe. Was soll ich tun, wenn ich in mir nur das eine Bild trage? Man zwingt mich schließlich zu sagen, wer ich sei. »Noch nichts, noch niemand ...«

An Beerdigungen zeichne ich mich besonders aus. Wirklich, ich übertreffe mich. Ich gehe langsamen Schrittes durch die von rostigem Eisen blühenden Vorstädte, durch breite Alleen, die zu Löchern in der kalten Erde führen. Hier, unter dem kaum geröteten Himmel, sehe ich kühne Gefährten, meine Freunde, in drei Meter Tiefe begraben. Ich werfe sodann die Blume, die mir von einer lehmigen Hand gereicht wird, und treffe nie daneben. Ich habe eine pünktliche Frömmigkeit, eine genau bemessene Erregung, den Kopf anständig geneigt. Man wundert sich, dass meine Worte richtig sind. Doch ich habe kein Verdienst: Ich warte.

Ich warte lange. Manchmal stolpere ich, lasse die Hand los, der Erfolg flieht mich. Was bedeutet's, dass ich dann allein bin. Ich wache in der Nacht auf und glaube, noch halb im Schlaf, das Geräusch der Wellen, das Atmen der Wasser zu hören. Ganz erwacht, merke ich, dass es der Wind in den Blättern war und das unselige Lärmen der öden Stadt. Dann brauche ich meine ganze Kunst, um meine Enttäuschung zu verbergen oder sie modisch zu verkleiden.

Bei anderen Gelegenheiten wiederum wird mir geholfen. In New York geschah es mir, dass ich, verloren in diesen Schächten aus Stein und Stahl, wo Millionen Menschen herumirren, von einem zum andern rannte, ohne Ziel, erschöpft, nur noch von der Menschenmasse getragen, die einen Ausgang suchte. Ich war am Ersticken und hätte beinahe aufgeschrien in panischer Angst. Doch jedes Mal erinnerte mich der ferne Ruf eines Schleppers daran, dass die Stadt, dieser ausgetrocknete Brunnenschacht, eine Insel sei und dass an der Landspitze der Battery mein Taufwasser mich erwarte, schwarz und faulig, mit alten Korken bedeckt.

Und so bin ich, der ich nichts besitze, der ich mein Vermögen hingab und der ich neben allen meinen Häusern mein Lager aufschlage, dennoch reich beschenkt, wenn ich es will. Ich breche auf, zu jeder Stunde, die Hoffnungslosigkeit kennt mich nicht. Für den Hoffnungslosen wie für mich gibt es keine Heimat, ich weiß, dass das Meer vor mir und hinter mir ist, der Wahn ist mir ganz nah. Die Liebenden, die getrennt sind, können im Schmerz leben, doch ist es nicht Verzweiflung: Sie wissen, dass die Liebe da ist. Deshalb leide ich ohne Tränen im Exil. Noch immer warte ich. Endlich kommt der Tag ...

Die nackten Füße der Matrosen klatschen weich auf dem Deck auf. Wir laufen aus bei anbrechendem Tag. Kaum sind wir aus dem Hafen, striegelt ein kurzer und munterer Wind heftig das Meer, das sich in kleinen, schaumlosen Wellen kräuselt. Etwas später wird der Wind kühler und übersät das Wasser mit Kamelienblüten, die sogleich vergehen. Den ganzen Morgen schlagen unsere Segel über einem fröhlichen Fischteich. Die Wasser sind schwer, schuppig, von frischem Schleim bedeckt. Von Zeit zu Zeit kläffen die Wellen gegen den Vordersteven; bitterer und öliger Schaum, Speichel der Götter, fließt die Planke entlang ins Wasser zurück, wo er in Zeichnungen, die vergehen und wiederkommen, zerstiebt wie das Fell einer blauen und weißen Kuh, welche müde noch lange in unserm Kielwasser treibt.

Seit unserer Abfahrt folgen uns die Möwen, mühelos und nur selten mit den Flügeln schlagend. Ihr schöner, geradliniger Flug stützt sich kaum auf die Brise. Ein brutales Aufklatschen auf der Seite der Schiffsküche löst plötzlich ein gieriges Alarmzeichen unter den Vögeln aus, wirft ihren schönen Flug durcheinander und entzündet Flammen aus weißen Flügeln. Die Möwen wirbeln wie toll in allen Richtungen durcheinander, und ohne an Geschwindigkeit einzubüßen, verlassen sie eine nach der andern den Schwarm, um aufs Meer hinunterzustechen. Einige Sekunden später sind sie wieder auf dem Wasser vereinigt, eine streitlustige Schar, eingenistet in der Buchtung der Wellen, die langsam das Manna der Abfälle entblättern, und wir lassen sie hinter uns zurück.

Unter der betäubenden Mittagssonne bewegt sich das Meer nur schwach und kraftlos. Wenn es in sich zusammenfällt, bringt es die Stille zum Schweigen. Eine Stunde der Hitze, und das große, weißliche Wellblech des farblosen Wassers beginnt zu zischen. Es zischt, dampft und entzündet sich endlich. Im nächsten Augenblick wird es sich umwälzen und der Sonne seine feuchte Seite darbieten, die noch in den Wellen und den Dunkelheiten geborgen ist.

Wir passieren die Säulen des Herkules, jene Landspitze, wo Antäus starb. Jenseits davon ist der Ozean überall und wir umsegeln Horn und die Gute Hoffnung in einem Strich; die Meridiane vermählen sich den Breitengraden, der Pazifik trinkt den Atlantik. Dann, das Steuer auf Vancouver gerichtet, dringen wir langsam in die Südsee ein. Einige Längen vor uns defiliert die Flotte der Osterinseln und der Hebriden. Eines Morgens verschwinden die Möwen plötzlich. Wir sind weit von allem Land entfernt und allein mit unseren Segeln und Maschinen.

Allein auch mit dem Horizont. Die Wellen kommen geduldig aus dem unsichtbaren Osten, eine nach der anderen; sie kommen bis zu uns und geduldig eilen sie weiter, zum unbekannten Westen, eine nach der anderen. Ein langer, weiter Weg, niemals begonnen, niemals beendet (...) Flüsse und Ströme fließen vorbei, das Meer fließt vorbei und dauert. So müsste man lieben, treu und flüchtig. Ich vermähle mich dem Meer.

Wasser. Die Sonne sinkt und wird schon weit über dem Horizont vom Dunst verschlungen. Für einen kurzen Augenblick ist das Meer auf einer Seite rötlich, auf der anderen blau. Dann dunkeln die Wasser. Der Zweimaster gleitet, winzig klein, auf der Oberfläche eines vollkommenen Kreises aus dichtem, mattem Metall. Und in der Stunde tiefster Ruhe, im sinkenden Abend, tauchen Tausende von Tümmlern aus den Fluten, tummeln sich eine Zeit lang um unser Schiff und fliehen zum menschenlosen Horizont. Dann wird es still und bang auf diesen ursprünglichen Wassern.

Etwas später die Begegnung mit einem Eisberg auf dem Wendekreis. Unsichtbar zwar nach seiner langen Reise in diesen warmen Gewässern, jedoch nicht wirkungslos; er gleitet das Steuerbord entlang, wo sich sogleich das Tauwerk für kurze Zeit mit Reif bedeckt, während an Backbord ein dürrer Tag stirbt.

Die Nacht sinkt nicht aufs Meer. Aus den Tiefen des Wassers, das eine schon versunkene Sonne allmählich mit ihrer dichten Asche verdunkelt, steigt sie vielmehr empor zum noch blassen Himmel. Eine kurze Weile bleibt Venus einsam über den schwarzen Fluten. So lange nur, die Augen zu schließen und sie wieder zu öffnen, und die Sterne wimmeln im fließenden Dunkel der Nacht.

Der Mond ist aufgegangen. Er erleuchtet anfänglich nur schwach die Fläche des Wassers, steigt höher und schreibt Zeichen auf die weichen Wellen. Endlich im Zenit, strahlt er eine leuchtende Straße auf das Meer, einen reichen Fluss aus Milch, der mit der Bewegung des Schiffes auf uns niederströmt, unversiegbar im dunklen Ozean. Da ist die Nacht, treu und kühl, die ich rief in den lärmenden Lichtern, im Alkohol und im Aufruhr des Begehrens.

Wir segeln auf so weiten Flächen, dass es scheint, als kämen wir nie zum Ziel. Sonne und Mond gehen auf und tauchen unter, im gleichen Wechsel von Tag und Nacht. Die Tage auf dem Meer gleichen alle den Tagen des Glücks (...)

Dieses Leben, das sich gegen das Vergessen sträubt und gegen die Erinnerung, von der Stevenson spricht.

Morgendämmerung. Wir überqueren im rechten Winkel den Wendekreis des Krebses, die Wasser stöhnen und bäumen sich auf. Der Tag erhebt sich über einem unruhigen Meer, voller Stahlgeflimmer. Der Himmel ist weiß vor Dunst und Hitze, mit einem toten Glanz, aber unerträglich, als ob die Sonne flüssig geworden wäre in den dichten Wolken über der ganzen himmlischen Weite. Ein kranker Himmel über einem zersetzten Meer. Je weiter die Stunden fortschreiten, umso größer wird die Hitze in der fahlen Luft. Den ganzen Tag lang stöbert der Vordersteven Fliegende Fische auf, kleine, stählerne Vögel in ihren Wellensträuchern.

Am Nachmittag kreuzen wir ein Postschiff, das zu den Städten zurückkehrt. Der Gruß, den unsere Sirenen mit den drei Rufen prähistorischer Tiere austauschen,

die Zeichen der Passagiere, die verloren auf dem Meer reisen und durch die Gegenwart anderer Menschen alarmiert sind, die Distanz, die allmählich zwischen den beiden Schiffen zunimmt, die Trennung endlich auf diesen böswilligen Wassern, all dies beklemmt das Herz. Diese hartnäckigen Irren, an Bretter geklammert, auf die Mähne unermesslicher Ozeane geschleudert auf der Suche nach entschwindenden Inseln, wer könnte ihnen seine Liebe verweigern, der auch die Einsamkeit des Meeres liebt?

Mitten im Atlantik beugen wir uns den wilden Winden, die ununterbrochen von einem Pol zum anderen fegen. Jeder Schrei, den wir ausstoßen, verliert sich, entfliegt in die grenzenlosen Weiten. Doch dieser Ruf, den die Winde Tag für Tag mit sich weitertragen, wird endlich eines der abgeflachten Enden der Erde erreichen und wird lange an den Eiswänden widerhallen, bis ein Mensch, irgendwo in seine Muschel aus Schnee verloren, ihn vernehme und zufrieden lächle.

Ich lag im Halbschlaf unter der Sonne des frühen Nachmittags, als ich plötzlich durch einen furchtbaren Lärm aufgeschreckt wurde. Ich sah die Sonne auf dem Grund des Meeres und die Wellen beherrschten den stürmischen Himmel. Plötzlich entbrannte das Meer, die Sonne floss mir in langen, eisigen Strichen in die Kehle. Um mich herum lachten und schrien die Matrosen. Sie liebten sich gegenseitig, aber konnten einander nicht verzeihen. An jenem Tag erkannte ich die Welt, wie sie wirklich ist, und ich beschloss, es hinzunehmen, dass ihr Gutes gleichzeitig bösartig sei und ihre Missetat heilsam. An jenem Tag begriff ich, dass es zwei Wahrheiten gibt und dass die eine davon nie ausgesprochen werden darf.

Der merkwürdige südliche Mond, der etwas angeschnitten ist, begleitet uns einige Nächte hindurch und gleitet dann rasch vom Himmel ins Wasser, das ihn verschluckt. Es bleiben das Kreuz des Südens, die spärlichen Sterne, die poröse Luft. In diesem Moment flaut der Wind ganz ab. Der Himmel rollt und schlingert über unseren unbeweglichen Masten. Mit gedrosseltem Motor und lahmgelegten Segeln pfeifen wir in der warmen Nacht, während das Wasser freundschaftlich unsre Schiffsflanke tätschelt. Kein Befehl, die Maschinen schweigen. Warum auch weiterfahren und warum zurückkehren? Wir sind glücklich, ein stummer Wind schläfert uns unwiderstehlich ein. In einem Tag vollendet sich also alles; man muss sich nur sinken lassen wie jene, die bis zur Erschöpfung schwimmen.

Vollenden, aber was? O bitteres Bett, königliches Lager, die Krone ist auf dem Grunde der Wasser!

Am Morgen rührt unsere Schraube sanft das laue Wasser zu Schaum. Wir holen wieder Geschwindigkeit auf. Gegen Mittag begegnet uns, von fernen Kontinenten kommend, ein Rudel Hirsche, überholt uns und schwimmt gleichmäßig gegen Norden, von buntfarbigen Vögeln begleitet, die sich von Zeit zu Zeit in ihren Geweihen ausruhen. Dieser rauschende Wald entschwindet allmählich am Horizont. Ein wenig später bedeckt sich das Meer mit seltsamen gelben Blumen. Am Abend begleitet uns ein unsichtbarer Gesang während langer Stunden. Ich schlafe ein, vertraut.

Die Segel im klaren Wind, ziehen wir auf einem hellen und kräftigen Meer dahin, in höchster Geschwindigkeit, die Klippen backbord. Und den Kurs gegen Ende des Tages noch korrigierend, über Stag, sodass die Segel das Wasser berühren, eilen wir einen südlichen Kontinent entlang, den ich wiedererkenne, da ich ihn früher, als Blinder, im barbarischen Sarg eines Flugzeuges überflogen hatte. Müßiger König, schleppte sich mein Karren damals so dahin; ich erwartete das Meer, ohne es je erreichen zu können. Das Ungetüm heulte auf, startete von den Guanos von Peru, raste über die Gestade des Pazifiks, überflog die weißen, zertrümmerten Wirbel der Anden und die ungeheure Ebene Argentiniens, verband mit einem Flügelschlag die von Milch überfließenden Weiden Uruguays mit den schwarzen Flüssen Venezuelas, landete, heulte wieder auf, erbebte vor Begierde angesichts neuer, leerer Räume, die es verschlingen konnte, und kam dennoch nie weiter, oder nur mit einer verkrampften, hartnäckigen Langsamkeit, einer verstörten und sturen, vergifteten Energie. Damals starb ich in meiner Metallzelle, träumte von Blutbädern und Orgien. Ohne Raum gibt es weder Unschuld noch Freiheit! Der Kerker ist für jenen, der nicht atmen kann, Tod oder Wahnsinn; was kann man da anderes tun als töten und besitzen? Heute, im Gegenteil, bin ich voller Atem, alle unsre Flügel schlagen in der blauen Luft, ich könnte aufjauchzen vor Schnelligkeit, wir werfen unsre Sextanten und unsern Kompass ins Wasser.

Im herrischen Wind sind unsre Segel aus Eisen. Die Küste gleitet in aller Eile an unseren Augen vorbei, Wälder von königlichen Kokospalmen, deren Stamm in smaragdene Lagunen taucht, eine stille Bucht voll roter Segel, mit Sand wie Mondlicht. Große Gebäude ragen auf, vom Wachsen des Urwaldes schon geborsten, der im Hof beginnt; da und dort durchbricht gelber Brechwurz oder auch ein Baum mit violetten Ästen die Fenster; Rio zerbröckelt hinter uns und die Vegetation wird die neuen Ruinen zudecken, wo die Affen der Tijuca in Gelächter ausbrechen. Noch schneller, an den langen Gestaden vorbei, wo die Wellen in Sandgarben zerstieben, noch schneller, und die Schafe von Uruguay laufen ins Meer und färben es mit einem Mal gelb. An der argentinischen Küste bieten große, plumpe Scheiterhaufen in regelmäßigen Abständen dem Himmel halbe Ochsen dar, die langsam schmoren. In der Nacht schlägt das Eis des Feuerlandes stundenlang gegen unsern Schiffsrumpf, das Schiff verlangsamt kaum seinen Lauf und wendet. Am Morgen hebt uns die einzige Woge des Pazifiks empor, deren kalte Lauge, grün und weiß, über Tausende von Kilometern an der chilenischen Küste brodelt und uns umzuwerfen droht.

Im süßlichen Abend kommen uns die ersten malaiischen Barken entgegen.

»In See! In See!«, schrien die herrlichen Knaben eines meiner Kinderbücher. Ich habe alles von jenem Buch vergessen außer diesem Ruf, »In See!«, und durch den Indischen Ozean bis zum Gestade des Roten Meeres, wo man in stillen Nächten die Steine der Wüste, einen nach dem andern, zerspringen hört, die nach der Glut des Tages gefrieren, kommen wir wieder zum alten Meer zurück, wo die Rufe schweigen.

Eines Morgens endlich laufen wir in einer seltsam schweigenden Bucht ein, die mit unbeweglichen Segelbarken besetzt ist. Nur einige Meervögel streiten sich am Himmel um Schilfhälmchen. Schwimmend erreichen wir den verlassenen Strand; den ganzen Tag hindurch steigen wir ins Wasser und trocknen uns auf dem Sand. Unter dem grünlich verblassenden Abendhimmel wird das Meer noch ruhiger, das doch schon so ruhig ist. Kurze Wellen hauchen einen schaumigen Dunst auf den warmen Strand. Die Meervögel sind verschwunden. Es bleibt nur noch die Weite, offen für eine unbewegliche Reise.

Jene Nächte, deren Süße andauert! Ja, es erleichtert uns das Sterben, wenn wir wissen, dass sie nach uns auch sein werden, über dem Land und über dem Meer. Großes Meer, ewig umgepflügt, ewig unberührt, meine Religion der Nacht! Es reinigt uns und erquickt uns in seinen unfruchtbaren Furchen, es befreit uns und hält uns aufrecht. In jeder Welle ist ein Versprechen, ewig dasselbe.

Was sagt sie? Müsste ich sterben, umringt von kalten Bergen, ungekannt von allen, von den Meinen verstoßen, würde das Meer im letzten Augenblick meine Zelle füllen und mich emporheben über mich selber und würde mir helfen, ohne Hass zu sterben.

Mitternacht: allein am Gestade. Noch ein wenig warten, und ich werde gehen. Der Himmel selbst steht still, mit allen seinen Sternen, wie jene Packboote voller Feuer, die in dieser Stunde, auf der ganzen Welt, die dunklen Wasser der Häfen erleuchten. Die Weite und die Stille lasten auf dem Herzen. Eine ungestüme Liebe, ein großes Werk, eine entscheidende Tat, ein verklärender Gedanke, alle bewirken sie manchmal dieselbe unerträgliche Angst, gepaart mit einem unwiderstehlichen Reiz. Süße Bangigkeit des Seins, süße, aufreizende Nähe der Gefahr, deren Namen wir nicht kennen – ist Leben dann, sich ins Verderben zu stürzen? Von Neuem, ohne Aufschub, lasst uns ins Verderben stürzen.

Ich hatte immer das Gefühl, auf hoher See zu leben, bedroht, im Herzen eines königlichen Glückes.

Jede Welle des Meeres leuchtet
in einem anderen Licht.
Wie die Schönheit des Wesens,
das wir lieben.

VIRGINIA WOOLF

VICTOR HUGO

Die Meer-Arbeiter

So war Gilliatt.

Die Mädchen fanden ihn hässlich. Er war es nicht – er war vielleicht sogar das Gegenteil. Er hatte in seinem Profil etwas von einem antiken Barbaren. In Momenten der Ruhe glich er einem der Dakier auf der Säule des Trajan. Seine Ohren waren klein, von zierlicher Form und durch die Abwesenheit von Ohrläppchen wie durch einen bewunderungswürdig akustischen Bau ausgezeichnet. Zwischen den Augenbrauen hatte er jene stolze Linie, welche einen kühnen und beharrlichen Mann verrät. Seine Mundwinkel waren herabgezogen, ein Kennzeichen von Schwermut und Melancholie. Die Wölbung seiner Stirn war edel und klar, sein Auge offen und frei, obgleich die Ruhe seines Blickes öfter durch jenes Zucken der Lider unterbrochen wurde, welches den Fischern eigen ist – eine Erscheinung, die das wechselnde Licht der Wogen erzeugt. Sein Lachen war kindlich und reizend. Man konnte nichts Schöneres sehen als seine blendend weißen Zähne. Aber die Sonne hatte ihn braun gebrannt. Nicht ungestraft setzt man sich Tag und Nacht den Stürmen und Wettern des Ozeans aus. Obwohl erst dreißig, glich er einem Mann von fünfundvierzig Jahren. Er trug die dunkle Maske des Sturmes und der See.

Man nannte ihn Gilliatt, den Schelm.

Eine indische Fabel erzählt: Eines Tages fragte Brâhma die Stärke: »Wer ist noch stärker als Du?« Sie antwortete: »Die Gewandtheit.« Ein chinesisches Sprichwort sagt: »Was vermöchte nicht der Löwe, wenn er ein Affe wäre?« Gilliatt war weder Löwe noch Affe – aber die indische Fabel und das chinesische Sprichwort passten auf das, was er tat und wie er es tat. Nur mittelmäßig groß und mit nur gewöhnlichen Körperkräften begabt, war er dennoch imstande, Riesenlasten zu heben und Athletenwerke zu leisten. Keiner wusste wie er, durch Erfindungsgabe, durch Klugheit und Geschicklichkeit die Wirkungen der Kraft zu erzielen. Ihm war die Gymnastik angeboren. Er bediente sich mit gleicher Leichtigkeit der linken wie der rechten Hand.

Er war kein Jäger, aber ein Fischer. Die Vögel schonte er, doch nicht die Fische. Wehe den Stummen! Auch war er ein trefflicher Schwimmer.

Die Einsamkeit bildet Talente und Blödsinnige. Gilliatt konnte für beides gelten. Er hatte zuweilen ein »erzdummes« Aussehen, dann aber hatte er wieder einen bezaubernd tiefen Blick. Im alten Chaldäa gab es solche Menschen; in gewissen Stunden leuchteten Magier durch die undurchsichtige Hülle des Hirten.

In Wahrheit war Gilliatt nichts weiter als ein armer Mensch, der lesen und schreiben konnte. Er stand auf der Grenze, welche den Träumer vom Denker scheidet. Der Denker will, der Träumer lässt sich leiten. Gesellt die Einsamkeit sich zur Einfalt, so vervollkommnet sie dieselbe. Sie erfüllt sie ohne ihr Wissen mit einem heiligen Grauen.

Der Schatten, welcher Gilliatts Geist umhüllte, war aus zwei verschiedenen, doch in ihrer Stärke fast gleichen Elementen zusammengesetzt. In ihm war Unwissenheit, Schwäche, außer ihm das Geheimnis, die Unendlichkeit.

Das Inselmeer hatte ihn mit seinen tausendfältigen Gefahren, denen er mutig die Stirn bot, wenn er die steilen Felsen erkletterte und sich im Sturm bei Tag und Nacht dem Untergang preisgab, indem er das erste beste Fahrzeug regierte, ohne sein Wissen und Wollen zu einem bewunderungswürdigen Seemann gemacht.

Er war ein geborener Lotse. Der Lotse ist ein Seemann, der mehr nach dem Grund als nach der Oberfläche fragt. Die Woge ist eine rätselhafte Fläche, deren Gestalt fortwährend wechselt nach den Formen des Meergrundes, über welchen das Fahrzeug dahingleitet. Wenn man Gilliatt durch die Wasserberge und Felsenriffe des normannischen Archipels sich wie eine Wasserschlange winden sah, schien es, als ob unter der Wölbung seiner Stirn die Karte des Meeresgrundes verborgen wäre. Er kannte alles und überwand alles. Er kannte die Baken besser als die Seeraben, welche sich daraufsetzen. Die unmerklichen Unterschiede, durch welche jeder einzelne der vier mit Pfählen gespickten Leinpfade der Creux, der Alligande, der Trémies und der Sardrette sich auszeichnet, waren für ihn im Nebel und selbst in der Dunkelheit der Nacht vollkommen klar und erkennbar.

Seine Seemannskunst bewährte sich glänzend bei Gelegenheit eines Schifferstechens, welches in Guernsey eines Tages stattfand. Man hatte nämlich die Aufgabe gestellt, ganz allein ein Schiff mit vier Segeln von St. Sampson bis zu der Insel Herm – zwei Orte, welche zur See eine Meile weit voneinander entfernt liegen – und wieder zurück zu führen. Das Lenken eines Schiffes mit vier Segeln ist für einen geübten Seemann nun gerade keine Hexerei. Die Schwierigkeit bestand aber erstens in dem zu regierenden Schiffe selbst, welches eine jener breiten, schweren, kolossalen Schaluppen war, die aus Holland stammen und welche die Seeleute des vorigen Jahrhunderts »Holländische Bäuche« nannten. Man begegnet noch heute auf offener See solchen altmodischen Schiffsmodellen. Sie sind pausbackig, flach, sie haben an Backbord und Steuerbord zwei Flügel, die den Schiffskiel vertreten. Die zweite Schwierigkeit war der Rückweg von Herm, wo das Schiff mit einer schweren Ladung Steine versehen wurde. Leer stach es in See, schwer beladen kam es zurück. Der Preis des Schifferstechens war eben diese Schaluppe. Der Sieger behielt sie. Dieser dickbäuchige Holländer war früher zum Lotsendienst benutzt worden. Der Lotse, welcher ihn zwanzig Jahre lang geführt hatte, war der kräftigste Seemann im Kanal; als er starb, blieb das Schiff herrenlos, weil kein anderer es zu regieren imstande war, deshalb war man denn auf den Gedanken gekommen, es zum Preis eines Schifferstechens zu machen.

Das Schiff, obgleich mit keinem Verdeck versehen, hatte einige dem Kundigen erkennbare Vorzüge. Es war nach vorn mit einem Mast versehen, was die Triebkraft des Segelwerkes vermehrte. Es hatte ein festes Gerippe, schwer, aber breit, und hielt gut die weite See; es war so ein rechtes Sonntagsschiff. Es schien den Appetit der Seeleute sehr zu reizen, denn es entspann sich ein reger Wettkampf um den Besitz desselben. Sieben oder acht Fischer, die kräftigsten auf der Insel, waren als Kämpfer um den Preis angetreten. Sie versuchten alle nacheinander ihr Heil, aber kein Einziger von ihnen erreichte Herm. Der Letzte, welcher es versuchte, war als kühner Wagehals bekannt, der einmal bei Sturm und Wetter den gefährlichen Engpass zwischen Serk und Brecq-Hon in einem Kahn, und nur von dem Ruder Gebrauch machend, durchschifft hatte. Wie gebadet im Schweiß fruchtloser Anstrengung brachte er den dickbäuchigen Holländer zurück und sagte: »Es ist unmöglich!« Nun war die Reihe an Gilliatt, sein Glück zu versuchen. Er bestieg das Fahrzeug, stach in See und erreichte Herm nach einem Zeitraum von drei viertel Stunden. Nach drei Stunden brachte er das Schiff mit seiner schweren Ladung nach Sampson zurück. Das Fahrzeug war zum Überfluss noch mit der kleinen Kanone von Bronze beladen, welche die Bewohner von Herm alljährlich am fünften November, dem Todestag von Guy Fawkes, abzufeuern pflegten.

Guy Fawkes war, beiläufig gesagt, vor zweihundertsechzig Jahren gestorben. Die Freude über seinen Tod war also von sehr altem Datum.

Gilliatt erreichte St. Sampson ungeachtet der Kanone des Guy Fawkes und ungeachtet eines konträren Südwindes, welcher sich bei der Rückfahrt erhoben hatte.

Als ein gewisser Mess Lethierry, von welchem später die Rede sein wird, das beladene Fahrzeug ankommen sah, rief er begeistert aus: »Das nenne ich mir einen Seemann!«

Er reichte Gilliatt die Hand. Die Schaluppe wurde demselben feierlich zugesprochen.

Trotz dieser Heldentat behielt er seinen Beinamen: der Schelm.

Einige Leute suchten das Wunder durch die Vermutung zu erklären, dass Gilliatt irgendwo in diesem Schiffe einen wilden Mistelzweig verborgen habe; denn wie sollte gerade er, der doch kein Seemann war, etwas vollbringen können, was erfahrene Schiffskundige nicht vermochten? Nein, es war nicht möglich, es musste Zauberei im Spiel sein.

Seit jenem Tage hatte Gilliatt kein anderes Fahrzeug mehr verwendet als diese altmodische holländische Schaluppe. Sie diente ihm sogar zum Fischfang. Er brachte sie in jenem, ihm allein gehörenden kleinen Hafen neben seinem Haus unter. Wenn es donnerte, warf er seine Netze über den Rücken, schritt durch den Garten, setzte dann über eine Brustwehr trockener Steine, und von einem Felsen zum anderen springend erreichte er sein Fahrzeug und stach in See.

Er brachte stets reiche Beute mit nach Hause. Die Leute meinten, dies auffallende Glück im Fischfange schreibe sich daher, dass er noch immer den Mistelzweig in der Schaluppe verberge; es hatte ihn indessen keiner dort entdeckt.

Seinen Überfluss an Fischen verkaufte Gilliatt nicht, sondern er verschenkte ihn.

Die Bedürftigen nahmen seine Fische an, waren aber nichtsdestoweniger empört über die Hexerei mit dem wilden Mistelzweig. Das ist sündig, sagten sie. Man darf das Meer nicht um sein Eigentum betrügen.

Gilliatt war Fischer; aber er trieb nicht allein den Fischfang, sondern auch noch manch andere Dinge zum Zeitvertreib. Er war auch Tischler, Schmied, Wagner, Schiffszimmermann und sogar auch ein wenig Mechaniker. Er hatte eine angeborene Geschicklichkeit für alle Dinge und trieb diese verschiedenen Handwerke, ohne sie gelernt zu haben, zum Vergnügen. Keiner konnte ein so gut gearbeitetes Rad liefern wie er. Alle seine Fischerwerkzeuge fertigte er sich selbst. Er hatte in einem Winkel seines Hauses eine vollständige kleine Schmiedewerkstätte eingerichtet. Seine Schaluppe hatte nur einen Anker; er fertigte ohne die Hilfe eines Arbeiters und ohne jede Anweisung einen zweiten, der ganz vortrefflich war, und er verstand die Größe und Stärke des Ankerstocks so zu berechnen, dass ein Umschlagen des Schiffes nicht möglich war.

Er hatte mit großer Geduld alle eisernen Nägel aus den Schiffsplanken gezogen und sie durch hölzerne ersetzt, wodurch er die gefährlichen Rostlöcher unmöglich machte.

Auf diese Weise hatte er seinen »Holländer« noch weit seetüchtiger gemacht. Er machte auf demselben von Zeit zu Zeit kleine Streifzüge und brachte oft monatelang auf irgendeiner einsamen Insel zu. Dann sagten die Leute, Gilliatt ist fort. Keiner aber nahm sich seine Abwesenheit besonders zu Herzen.

Das Herz des Menschen
ist dem Meer sehr ähnlich,
es hat seine Stürme,
es hat seine Gezeiten,
und in seinen Tiefen
hat es auch seine Perlen.

VINCENT VAN GOGH

HERMAN MELVILLE

Moby Dick

Die See war noch nicht zur Ruhe gekommen und am nächsten Morgen rollte sie in gewaltigen, langen Wellen langsam dahin. Diese suchten der gurgelnden Spur der »Pequod« zu folgen und schoben das Schiff weiter, wie die ausgebreiteten Hände eines Riesen. Die Brise wehte in einem fort und war so stark, dass Himmel und Luft einem wie riesige, sich ausbuchtende Segel vorkamen. Die ganze Welt brauste vom Wind.

Bei dem starken Morgenlicht war die Sonne nicht zu sehen; man erkannte sie nur daran, dass an ihrer Stelle intensives Licht hervorbrach. Und dicke Strahlen, von der Form eines Bajonetts, bewegten sich in Massen weiter. Die See war wie ein Tiegel geschmolzenen Goldes, das in einem Sprudel von Licht und Hitze in die Höhe springt.

Ahab stand lange Zeit für sich allein, wie unter dem Bann einer innerlichen Stille. Wenn das schwankende Schiff den Bugspriet senkte, wandte er sich um, die Strahlen der leuchtenden Sonne vorn am Bug zu betrachten. Und wenn das Schiff am Heck tief niederging, wandte er sich nach hinten um und sah sich die Sonne von rückwärts an. Und beobachtete, wie dieselben gelben Lichtstrahlen mit dem Kielwasser des Schiffes verschmolzen.

Plötzlich wurde er durch einen Gedanken aufgeschreckt. Er stürmte an das Steuer und erkundigte sich schroff, in welcher Richtung denn das Schiff fahre.

»Ostsüdost, Kapitän«, sagte der erschrockene Steuermann.

»Du lügst«, und er hielt ihm die geballte Faust entgegen. »Du hast den Kurs nach Osten zu dieser Morgenstunde, und die Sonne steht am Heck!«

Jedermann war über diese Erscheinung entsetzt; denn was Ahab gerade bemerkt hatte, war den anderen entgangen.

Ahab steckte den Kopf halb in das Kompasshäuschen und streifte mit einem Blick die Kompasse. Der Arm, der drohend in die Höhe gehalten war, fiel langsam herunter; einen Augenblick lang schien er zu schwanken. Starbuck stand hinter ihm und sah auch hin. Wahrhaftig! Die beiden Kompasse zeigten nach Osten und die »Pequod« fuhr unfehlbar nach Westen!

Aber bevor der erste wilde Schrecken draußen unter den Leuten Fuß fassen konnte, rief der Alte mit einem kalten Lachen aus:

»Ich hab' es! Das ist schon früher vorgekommen. Mister Starbuck, das Gewitter von gestern Abend hat unsere Kompasse umgedreht. Das ist alles. Du hast doch früher schon von solchen Dingen gehört?«

»Ja, aber ich habe das nie vorher erlebt, Kapitän«, sagte der bleich gewordene Maat in düsterer Stimmung.

An dieser Stelle muss gesagt werden, dass derartige Vorfälle bei Schiffen, die heftige Stürme durchgemacht haben, mehr als einmal vorgekommen sind. Der Magnetismus der Kompassnadeln ist, wie alle wissen, mit der Elektrizität identisch, die wir im Gewitter wahrnehmen. Daher ist es kein Wunder, dass solche Dinge vorkommen. Wenn der Blitz das Schiff gehörig geschüttelt hat, sodass einige Spiere und Teile vom Takelwerk zerschmettert sind, dann ist die Nadel manchmal in Mitleidenschaft gezogen worden. Es ist vorgekommen, dass der ganze Magnetismus vernichtet wurde und der Magnetstahl so überflüssig geworden war wie der Strickstock eines alten Frauenzimmers. Aber in dem einen wie dem anderen Fall bekommt die Magnetnadel aus eigener Kraft niemals wieder den früheren Magnetismus.

Ahab stand nachdenklich vor dem Kompasshäuschen und betrachtete die umgerichteten Nadeln. Da nahm er mit der ausgebreiteten Hand den genauen Stand der Sonne, und als er beruhigend festgestellt hatte, dass die Nadeln tatsächlich umgekehrt waren, rief er, dass man den Kurs des Schiffes demzufolge ändern sollte. Die Rahen wurden gerichtet und noch einmal stieß die »Pequod« ihre Kiele unerschrocken in den Gegenwind; denn der vermeintliche günstige Wind hatte das Schiff betrogen.

Starbuck ließ nicht erkennen, wie er im Geheimen darüber dachte. Er sagte nichts und führte in aller Ruhe die notwendigen Befehle aus. Stubb und Flask, die im geringen Grade seine Gefühle zu teilen schienen, beruhigten sich ebenfalls, ohne zu murren. Was die übrige Mannschaft betraf, so war ihre Furcht vor Ahab, wenn auch einige leise knurrten, größer als ihre Furcht vorm Schicksal.

Wie bei früheren Gelegenheiten machten die Vorgänge auf die heidnischen Harpuniere fast gar keinen Eindruck. Wenn sie überhaupt einem Eindruck unterlagen, so war es ein gewisser Magnetismus, der von dem unerschütterlichen Ahab in ihre verwandten Herzen überströmte.

Eine Zeit lang spazierte der Alte in rollenden Traumbildern an Deck herum. Zufällig stieß er mit seinem Fuß aus Walfischbein auf die zerschmetterten Kupfer-Fernrohre des Quadranten, den er am Tage vorher gegen das Deck geschleudert hatte.

»Du armseliger und eingebildeter Himmelsgucker und Sonnenlotse! Gestern habe ich dich zerschmettert, und heute hätten mich die Kompasse liebend gern zerschmettert, so, so! Aber Ahab ist noch Herr über den Magneten. Mister Starbuck, eine Lanze ohne Stange her, einen Seemannshammer und die allerkleinsten Nadeln des Segelmachers! Aber schnell!«

Was er nun vorhatte, entsprang einer gewissen Vorsicht, um vielleicht den Mut seiner Mannschaft durch eine Äußerung seiner schlauen Geschicklichkeit neu zu beleben. Durch eine Handlung, die ebenso wunderbar war wie die umgekehrten Kompassnadeln. Der Alte wusste wohl, dass man mit umgekehrten Nadeln, wenn es auch möglich war, nicht steuern konnte und man auf den Aberglauben der Matrosen Rücksicht nehmen musste, die darüber erschraken und es als übles Vorzeichen auffassten.

»Leute«, sagte er und wandte sich gefasst an die Mannschaft, als der Maat ihm die verlangten Dinge übergab, »Leute, der Donner hat die Nadeln des alten Ahab umgedreht, aber aus diesem bisschen Stahl kann Ahab eine eigene Nadel machen, die ebenso gut wie eine andere zeigen wird.«

Die Matrosen tauschten verlegene Blicke als Zeichen erstaunter Unterwürfigkeit untereinander aus, als er dies sagte. Mit faszinierten Augen warteten sie darauf, was für ein Wunder folgen würde. Aber Starbuck sah fort.

Ahab schlug mit einem Hammer den Stahlteil der Lanze ab, überreichte das lange Eisenteil dem Maat und forderte ihn auf, es senkrecht zu halten, ohne dass es das Deck berührte. Dann legte er die stumpfe Nadel mit dem Ende oben darauf, nachdem er den oberen Teil der Eisenrute wiederholt mit dem Hammer geschlagen hatte. Dann hämmerte er nicht mehr so stark und der Maat hielt das Eisen noch gerade so wie vorhin. Er machte dann verschiedene seltsame Bewegungen mit derselben – ob das zum Magnetisieren des Stahles notwendig war oder nur die Ehrfurcht der Mannschaft erhöhen sollte, war ungewiss – und verlangte dann einen Zwirnsfaden.

Er ging nach dem Kompasshäuschen, nahm die beiden umgekehrten Nadeln heraus und hängte die Segelnadel in horizontaler Richtung mitten über eine der Bussolen auf. Zunächst ging der Stahl rundherum und zitterte an beiden Enden. Aber schließlich kam er an der richtigen Stelle zum Stehen, als Ahab, der auf dieses Ergebnis ausdrücklich gewartet hatte, von dem Kompasshäuschen zurücktrat, mit ausgestrecktem Arm darauf zeigte und ausrief: »Nun seht selbst hin, ob Ahab keinen Magneten machen kann! Die Sonne steht im Osten und der Kompass zeigt es euch!«

Da starrte einer nach dem anderen die Nadel an, denn nur mit ihren Augen konnten sie solch eine Dummheit bezeugen, und einer nach dem anderen schlichen sie davon.

Dann konnte man Ahab mit seinen feurigen Augen voller Verachtung und Siegesbewusstsein in seinem verhängnisvollen Stolz sehen.

THEODOR STORM

Meeresstrand

Ans Haff nun fliegt die Möwe,
und Dämmerung bricht herein;
über die feuchten Watten
spiegelt der Abendschein.

Graues Geflügel huschet
neben dem Wasser her;
wie Träume liegen die Inseln
im Nebel auf dem Meer.

Ich höre des gärenden Schlammes
geheimnisvollen Ton,
einsames Vogelrufen –
so war es immer schon.

Noch einmal schauert leise
und schweiget dann der Wind;
vernehmlich werden die Stimmen,
die über der Tiefe sind.

OLGA TOKARCZUK

Unrast

Das Leben auf dem Schiff ist nicht mit Salzwasser getränkt und auch nicht mit dem süßen Regen der Nordmeere, nicht einmal mit Sonne, sondern mit Adrenalin. Man hat keine Zeit zum Nachdenken oder zum Grübeln über Fehler der Vergangenheit. Das Land, aus dem Eryk stammte, war fern und nicht sehr maritim, ans Meer war er nur ganz gelegentlich gekommen. In Häfen genierte er sich. Lieber waren ihm Städte an einem ungefährlichen Fluss, über den sich verbindende Brücken spannten. Eryk hatte keineswegs Heimweh, hier im Norden gefiel es ihm viel besser. Er hatte vor, ein paar Jahre auf dem Schiff zu arbeiten und Geld zu verdienen. Dann würde er ein Holzhaus bauen, eine flachsblonde Emma oder Ingrid ehelichen und Söhne zeugen. Sein Beitrag zu ihrer Erziehung würde darin bestehen, dass er mit ihnen Schwimmer bastelte und Meeresforellen zubereitete. Irgendwann einmal, wenn seine Abenteuer ein entsprechend handliches Paket abgäben, würde er seine Memoiren schreiben.

Er wusste selbst nicht, wie es gekommen war, dass die Jahre einfach durch sein Leben hindurchrannen, schwerelos, flüchtig, ohne Spuren zu hinterlassen. Höchstens in seinen Körper schrieben sie sich ein, vor allem in seine Leber. Das war später. Aber gleich am Anfang, nach seiner ersten Seefahrt, verschlug es ihn für drei Jahre ins Gefängnis, weil ein böser Kapitän seine ganze Besatzung zu Handlangern beim Schmuggel eines ganzen Containers mit Zigaretten und einem großen Paket Kokain gemacht hatte. Doch sogar im Gefängnis dieses fremden Landes blieb Eryk dem Meer und den Walen verfallen. In der Gefängnisbibliothek befand sich nämlich nur ein englischsprachiges Buch, wahrscheinlich hatte ein anderer Sträfling es vor Jahren dort gelassen. Es war eine alte Ausgabe vom Anfang des Jahrhunderts, die Seiten waren brüchig und vergilbt, von zahlreichen Spuren des täglichen Lebens gezeichnet.

So sicherte sich Eryk drei Jahre lang (eigentlich keine zu strenge Strafe, bedenkt man, dass tausend Seemeilen weiter nach geltendem Recht auf dieses Vergehen der Tod durch den Strick gestanden hätte) eine kostenlose Perfektionierung seiner Sprache, Englisch für Fortgeschrittene, einen Kurs in Literatur- und Walkunde sowie Psychologie und Reisewissenschaft – alles aus einem Lehrbuch. Eine gute, konzentrierte Methode. Nach fünf Monaten konnte er Ishmaels Abenteuer schon stellenweise auswendig vortragen und wie Ahab reden, was ihm besonderen Spaß machte, weil das die Eryk genehmste Ausdrucksweise war, in der er sich wie in bequemer Kleidung fühlte, ganz egal, wie altmodisch und wunderlich sie war. Und was für ein Glück, dass es dieses Buch gerade dorthin und in die Hände dieses Menschen verschlagen hatte. Das ist ein den Reisepsychologen unter dem Namen Synchronizität bekanntes Phänomen, ein Beweis für den Sinn der Welt. Ein Beweis dafür, dass sich in diesem schönen Chaos in alle Richtungen Fäden entspinnen, die eine Bedeutung haben, Netze seltsamer Logik, und wenn man an Gott glaubt, sind das die verschlungenen Spuren seines Fingerabdrucks. Das dachte Eryk.

In dem fernen exotischen Gefängnis nun, wo man abends vor tropischer Schwüle kaum Luft bekam und wo Sehnsucht und Furcht das Gehirn marterten, da versenkte sich Eryk nun in die Lektüre dieses Buches, verschwor sich ihm und empfand dabei ein eigenartiges Glück. Ohne dieses Buch hätte er das Gefängnis wahrscheinlich nicht durchgestanden. Seine Zellengenossen, lauter Schmuggler wie er, wurden oft Zeugen, wenn er laut las, und erlagen bald auch dem Zauber der Abenteuer, die die Walfänger erlebten. Es wäre nicht verwunderlich gewesen, wenn sie sich nach der Rückkehr in die Freiheit in der Geschichte des Walfangs weitergebildet hätten, wenn sie Dissertationen über Harpunen und die Ausrüstung von Segelschiffen geschrieben hätten. Und wenn die Begabtesten von ihnen die höchste Stufe der Einweihung erklommen hätten, indem sie sich auf Ausdauer als Fachgebiet spezialisiert hätten. So kam es jedenfalls, dass die drei Zellenkameraden, ein Matrose von den Azoren, ein Matrose aus Portugal und Eryk, in ihrem speziellen Rotwelsch kommunizierten. Sogar über ihre kleinen, schlitzäugigen Wärter redeten sie in diesem Jargon:

»Zum Teufel! Dieser Alte, das ist vielleicht ein famoser Kerl!«, rief beispielsweise der Azorenmatrose aus, wenn einer ihnen ein Päckchen durchweichter Zigaretten in die Zelle geschmuggelt hatte.

»Bei meiner Seel, ich bin beinah derselbigen Meinung, also sprich den Segen!« Ihnen war es nur recht, wenn jeder Neue, der zu ihnen in die Zelle kam, anfangs kaum etwas verstand, er wurde ihr Fremder, den sie für ihr soziales Ersatzleben brauchten.

Jeder von ihnen hatte seine Lieblingsabschnitte, die er abends bei ihrem Leseritual vortrug, bis die anderen gegen Schluss im Chor einfielen.

Doch die Hauptthemen der Gespräche in ihrem immer besseren Englisch waren das Meer, die Seereisen, das Ablegen vom Ufer, das Vertrauen auf das Wasser, das – wie sie nach einer mehrtägigen Diskussion, die den Vorsokratikern alle Ehre gemacht hätte, feststellten – das wichtigste Element auf dem Erdenrund war. Sie planten schon die Strecken für die Heimreise, bereiteten sich auf die Anblicke vor, die sich ihnen unterwegs bieten würden, formulierten in Gedanken das Telegramm an die Familie. Wovon würden sie leben? Sie überboten sich gegenseitig an Einfällen, doch ehrlich gesagt kreisten sie immer um ein und dasselbe Thema, ohne sich dessen bewusst zu sein, waren sie bereits angesteckt, hatten sich infiziert: Was ihr Denken beherrschte, war die bloße Möglichkeit, dass so etwas wie ein weißer Wal existierte. Jeder wusste, dass es noch Länder gab, in denen Walfang betrieben wurde, und auch wenn diese Arbeit heute nicht mehr so romantisch war, wie Ishmael es beschrieben hatte, würde man doch schwerlich eine bessere finden. Angeblich suchte man in Japan Leute für den Walfang. Was waren Dorsche und Heringe schon gegen Wale ... Wie ein Handwerk gegen die Kunst ...

In sechsunddreißig Monaten hat man viel Zeit, sich die Einzelheiten des zukünftigen Lebens zu überlegen, Punkt für Punkt, und sie mit den Kameraden zu besprechen. Meinungsverschiedenheiten spielten keine Rolle.

»Jetzt mal schnell Schluss damit! Denk dran, was ich dir sage von wegen Handelsmarine – mach mich nicht wild – das mag ich nicht. Aber wir wollen uns recht verstehen. Ich hab dir einen Wink gegeben, von wegen, was es mit dem Walfang auf sich hat; habest du trotzdem noch Lust drauf?«
»Was hast du schon von der Welt gesehen!«, fuhr der portugiesische Matrose erwidernd auf.

»Die Nordsee hab ich der Länge und Breite nach durchschifft, die Ostsee ist mir nicht fremd. Die Strömungen im Atlantik kenne ich so gut wie meine eigenen Adern ...«

»Du bist dir etwas zu gewiss, mein Brüderchen.«

Dazu muss man etwas wissen:

Zehn Jahre – so lange dauerte Eryks Reise nach Hause und wahrscheinlich schaffte er es noch schneller als seine Kameraden. Er kehrte auf Umwegen zurück, über abgelegene Meere, durch die engsten Meerengen und die breitesten Buchten. Kaum leckte das offene Meer an einer Flussmündung, kaum hatte er auf einem Schiff nach Hause angeheuert, da bot sich plötzlich eine neue Gelegenheit, die ihn meistens in die entgegengesetzte Richtung führte, und wenn er einen Augenblick überlegte, kam er immer wieder zu dem Schluss, dass die größte Wahrheit doch in dem alten Argument liege, das heißt: Die Erde ist rund, legen wir uns nicht auf eine Richtung fest! Das war auch irgendwie verständlich – für jemanden, der von nirgendwo kommt, wird jede Bewegung zur Rückkehr, denn nichts hat eine solche Anziehungskraft wie die Leere.

In jenen Jahren arbeitete er unter panamaischer, australischer und indonesischer Flagge. Auf einem chilenischen Frachter brachte er japanische Autos in die Vereinigten Staaten. Auf einem südafrikanischen Tanker erlebte er eine Katastrophe an der Küste von Liberia. Er brachte Arbeiter von Java nach Singapur. Er bekam Gelbsucht und lag in Kairo im Krankenhaus. Als ihm in Marseille bei einer betrunkenen Prügelei eine Hand gebrochen wurde, trank er monatelang keinen Tropfen Alkohol, um sich dann in Malaga bis zur Besinnungslosigkeit zu besaufen und die andere zu brechen.

Wir wollen nicht ins Detail gehen. Eryks wechselvolles Schicksal auf den Meeren interessiert uns nicht. Lieber wenden wir uns ihm zu dem Zeitpunkt zu, als er endlich am Ufer jener ihm später so verhassten Insel ankommt und auf einer kleinen, primitiven Fähre zwischen den Schären Arbeit bekommt. Bei der Ausübung dieser – seiner Meinung nach erniedrigenden – Arbeit magerte Eryk ab, ja auf gewisse Weise bleichte er aus. Die tiefe Bräune wich für immer aus seinem Gesicht und hinterließ dunkle Flecken. Die Schläfen ergrauten, kleine Falten ließen seinen Blick durchdringend und scharf erscheinen. Nach dieser Einführung, die schmerzlich in sein Seelenleben eingriff, wurde er auf eine verantwortungsvollere Strecke versetzt: Jetzt steuerte er eine Fähre, die die Insel mit dem Festland verband, sie fuhr nicht an einem Seil, und das breite Deck konnte sechzehn PKW aufnehmen. Die Arbeit garantierte ihm ein festes Einkommen, Krankenversicherung und ein ruhiges Leben auf dieser Insel im Norden.

Jeden Morgen nach dem Aufstehen wusch er sich mit kaltem Wasser und kämmte mit den Fingern seinen grauen Bart. Dann zog er die dunkelgrüne Uniform der Fährgesellschaft »Vereinigte Fähren des Nordens« an und marschierte zum Hafen, wo er seine Fähre am Vorabend vertäut hatte. Kurz darauf öffnete einer vom Landpersonal – Robert oder Adam – die Pforte, und die ersten Autos standen schon in einer Reihe, um über die Eisenrampe auf Eryks Fähre zu fahren. Es war immer genug Platz, manchmal kam es sogar vor, dass die Fähre leer war, sauber, leicht, schwebend. Dann setzte sich Eryk in seine Kabine in der Höhe, hockte in seinem verglasten Krähennest und das Ufer auf der anderen Seite erschien ihm nah. Wäre es nicht besser, eine Brücke zu bauen, als von den Leuten zu erwarten, dass sie sich mit der Hin- und Herfahrerei abplagten?

Die Gemütsverfassung war wichtig. Jeden Tag konnte er zwischen zweien auswählen. In der einen – penetrant und aufdringlich – war er schlechter als andere, ihm fehlte das, was jeder hatte, auf eine gewisse Weise war er abnorm und wusste zum Teufel noch nicht mal, was ihm fehlte. Er fühlte sich isoliert, einsam, wie ein zur Strafe eingesperrtes Kind, das aus dem Fenster den Spielen seiner glücklichen Altersgenossen zuschaut. Das Schicksal hatte ihm eine nichtssagende Rolle in den chaotischen Wanderungen der Menschheit zu Lande und zur See zugeteilt, und jetzt, seit er sich auf der Insel niedergelassen hatte, erwies sich seine Rolle auch in dieser Episode als die eines Statisten.

Die andere Gemütsverfassung hingegen bekräftigte in ihm die Überzeugung, dass er der Bessere war, einzigartig und außerordentlich. Dass er allein die Wahrheit fühlte und verstand, dass nur ihm ein außergewöhnliches Dasein zuteilgeworden war. Dieses gute Selbstwertgefühl konnte manchmal ganze Stunden, ja Tage anhalten, und dann fühlte er sich sozusagen fast glücklich. Aber das verging wie ein Alkoholrausch. Als Katzenjammer stellte sich der erschreckende Gedanke ein, dass er, wollte er in seinen eigenen Augen ein achtenswerter Mensch sein, unentwegt auf diese zwei Arten Betrug begehen müsste, und – was am schrecklichsten war – eines Tages würde die Wahrheit ans Licht kommen und es würde sich herausstellen, dass er niemand war.

Er saß in der verglasten Kabine und sah zu, wie sich die erste Morgenfähre füllte. Er sah die alten Bekannten aus dem Städtchen. Da war die Familie R. in ihrem grauen Opel, der Vater arbeitete im Hafen, die Mutter in der Bibliothek, die Kinder, ein Junge und ein Mädchen, gingen zur Schule. Und da waren die vier Teenager, Gymnasiasten, die auf der anderen Seite mit dem Autobus weiterfuhren. Und Eliza war da, die Kindergärtnerin, mit ihrer kleinen Tochter, die sie natürlich mit zur Arbeit nahm. Der Vater der Kleinen war vor zwei Jahren plötzlich verschwunden und hatte seitdem kein Lebenszeichen mehr von sich gegeben. Eryk hatte den Verdacht, dass er irgendwo auf Walfang war. Und der alte S. kam, er hatte es an den Nieren, dreimal in der Woche musste er zur Dialyse ins Krankenhaus. Er und seine Frau hatten versucht, ihr kümmerliches Holzhäuschen zu verkaufen und näher ans Krankenhaus zu ziehen, aber es hatte nicht geklappt. Der Lieferwagen des Bioladens fuhr aufs Festland, um Ware einzukaufen. Ein schwarzes fremdes Fahrzeug, bestimmt Gäste des Regisseurs. Der gelbe Lastwagen der Brüder Albert und Albrecht, die mit der Hartnäckigkeit von Junggesellen Schafe hielten. Zwei verfrorene Fahrradfahrer. Der Kombi von der Autowerkstatt – wahrscheinlich sollte er Ersatzteile holen. Edwin winkte Eryk mit der Hand. Man hätte ihn auf jeder Insel der Welt erkennen können – er trug gern karierte Hemden mit Kunstpelzbesatz. Eryk kannte sie alle, sogar diejenigen, die er zum ersten Mal sah – er wusste, warum sie hierhergekommen waren, und wenn man das Ziel der Reise kennt, weiß man schon ausreichend viel über Menschen.

Es gab drei Gründe, auf die Insel überzusetzen. Der erste war, dass man einfach hier wohnte, der zweite, dass man beim Regisseur zu Besuch war, der dritte, dass man wegen der Windmühle gekommen war, um sich gegenseitig davor zu fotografieren.

Die Fähre brauchte zwanzig Minuten. Während dieser Zeit stiegen einige Passagiere aus den Autos und rauchten eine Zigarette, obwohl das verboten war. Andere standen an die Reling gelehnt und starrten einfach ins Wasser, bis sich ihr schaukelnder Blick endlich am anderen Ufer wieder festmachen konnte. Gleich werden sie, vom Geruch des Festlands und ihren ungeheuer wichtigen

Pflichten und Aufgaben erregt, in den Gassen am anderen Ufer verschwinden, sich verlaufen wie die neunte Welle, die am weitesten reicht, in die Erde versickert und nie mehr ins Meer zurückkehrt. Doch andere kommen an ihrer Stelle. Der Tierarzt im eleganten Geländewagen, den hat er sich mit dem Sterilisieren von Katzen verdient. Eine Schulklasse auf Ausflug, die im Rahmen einer Biologieexkursion Flora und Fauna der Insel untersuchen wird. Ein Lieferwagen mit einer Ladung Bananen und Kiwis. Ein Fernsehteam, das zu einem Interview zum Regisseur fährt. Familie G., die gerade vom Besuch bei der Großmutter heimkehrt. Zwei erhitzte Fahrradfahrer anstelle der beiden anderen.

Das Ent- und Beladen der Fähre dauerte fast eine Stunde. In dieser Zeit rauchte Eryk mehrere Zigaretten und versuchte, nicht zu verzweifeln. Dann kehrte die Fähre auf die Insel zurück. Und so ging es acht Mal am Tag, mit einer zweistündigen Pause zum Mittagessen, das Eryk jedes Mal in derselben Kneipe aß. Eine von drei Kneipen in der Gegend. Nach der Arbeit kaufte er Kartoffeln, Zwiebeln und Speck, Zigaretten und Alkohol. Er versuchte immer, bis zum Nachmittag nichts zu trinken, aber nach der sechsten Überfahrt war er schon voll.

Gerade Strecken – wie demütigend sie sind. Wie sie den Geist abtöten. Was für eine perfide Geometrie, die uns zu Idioten macht – hin und her, die Parodie einer Reise. Aufbrechen, um gleich darauf zurückzukehren. Beschleunigen, um sofort abzubremsen.

Eryks kurze, stürmische Ehe war auch so gewesen. Maria war geschieden, sie arbeitete in einem Laden und hatte einen Sohn, der in der Stadt auf die Mittelschule ging und dort auch im Internat war. Eryk zog bei ihr ein, in ihr gemütliches, hübsches Haus mit riesigem Fernseher. Sie hatte eine schlanke Taille, üppige Rundungen, helle Haut, und sie trug eng anliegende Leggings. Rasch lernte sie, Kartoffeln auf Speck zuzubereiten, und gab noch Majoran und Muskatnuss dazu. Er hackte dafür an seinen freien Tagen mit Begeisterung Holz für den Kamin. Es hielt anderthalb Jahre, dann ging ihm alles auf die Nerven: das unablässige Murmeln des Fernsehers, das grelle Licht, der Lappen neben dem Aufwischtuch, auf den man die schmutzigen Schuhe stellen musste, und auch die Muskatnuss. Als er sich ein paarmal betrunken und den Matrosen mit erhobenem Finger Ansprachen gehalten hatte, warf sie ihn aus dem Haus und zog bald darauf zu ihrem Sohn aufs Festland.

Es war der 1. März, Aschermittwoch. Als Eryk die Augen aufschlug, sah er das graue Licht und Schneeregen, der auf den Scheiben schmierige Spuren hinterließ. Sein alter Name fiel ihm ein. Er hatte ihn fast vergessen. Er sprach ihn laut aus und es hörte sich an, als hätte ein Fremder ihn gerufen. Im Kopf verspürte er den wohlbekannten Druck nach dem gestrigen Betrinken.

Wir müssen nun wissen, dass die Chinesen zwei Namen haben. Der eine wird von den Eltern gegeben, mit ihm wird das Kind gerufen, gerügt, zur Ordnung gemahnt und auch in zärtlichen Koseformen angesprochen. Doch wenn das Kind hinaus ins Leben geht, sucht es sich einen anderen Namen aus, einen äußeren, weltlichen Namen, eine Namen-Person. Diesen Namen legt es an wie eine Uniform, wie ein Chorhemd, einen Kampfgürtel, Kleidung für einen offiziellen Cocktailempfang. Dieser Name ist praktisch und leicht zu merken. Von nun an wird er von dem Menschen zeugen. Je weltweiter, universaler, leichter wiederzuerkennen er ist, umso besser. Fort mit der lokalen Begrenztheit unserer Namen. Fort mit Oldrzich, Sung Yin, Kazimierz und Jyrek, fort mit Blazen, Liu und Milica. Es lebe Michael, Judith, Anna, Jan, Samuel und Eryk!

Und heute antwortete Eryk auf den Ruf bei seinem alten Namen: Hier bin ich.

Niemand kennt ihn, deshalb werde ich ihn auch nicht nennen.

Der Mann namens Eryk zog seine grüne Uniform mit den Abzeichen der »Vereinigten Fähren des Nordens« an, kämmte sich mit den Fingern durch den Bart, schaltete in seinem verkümmerten Häuschen die Heizung aus und machte sich auf den Weg an der asphaltierten Straße entlang. Während er in seinem Glaskasten das Beladen der Fähre abwartete, trank er ein Bier aus der Dose und steckte sich die erste Zigarette an. Von oben winkte er Eliza und ihrer kleinen Tochter zu, ganz freundschaftlich, als wollte er sie dafür entschädigen, dass sie heute den Kindergarten nicht erreichen würden.

Als die Fähre vom Ufer abgelegt hatte und schon auf halbem Wege zwischen den beiden Anlegestellen war, zögerte er plötzlich und nahm dann Kurs aufs offene Meer.

Nicht jeder merkte, was los war. Manche waren so an die Routine der geraden Strecke gewöhnt, dass sie abgestumpft und gleichgültig auf den sich entfernenden Küstenstreifen blickten, was mit Sicherheit Eryks alkoholisierte Theorien bekräftigte, dass das Reisen auf Fähren die Gehirnwindungen geradebiegt. Andere merkten nach kurzer Zeit, was geschah.

»Eryk, was machst du da! Kehr sofort um!«, schrie Alfred ihm zu, und Eliza schaltete sich mit hoher, kreischender Stimme ein: »Die Leute werden zu spät zur Arbeit kommen!«

Alfred wollte zu Eryk hinaufsteigen, doch der hatte die kleine Pforte vorsichtshalber geschlossen und den Schlüssel in seiner Kabine herumgedreht.

Er sah von oben, wie alle gleichzeitig ihre Mobiltelefone hervorholten und anriefen, empört etwas in den leeren Raum sprachen und dazu aufgeregt gestikulierten. Er konnte sich denken, was sie sagten. Dass sie sich zur Arbeit verspäten würden, dass sie gespannt sind, wer ihnen eine Entschädigung für den seelischen Schaden bezahlen wird, dass man nicht solche Trunkenbolde einstellen dürfte, dass alle wussten, dass es so enden würde, dass es nicht genug Arbeit für die Einheimischen gebe, während hier solche Immigranten eingestellt würden; egal, wie gut so einer die Sprache gelernt hätte, es blieb doch immer ein ...

Eryk kümmerte sich einfach nicht darum. Befriedigt stellte er fest, dass sie sich nach einiger Zeit beruhigten, sich auf ihre Plätze setzten und zuschauten, wie der Himmel aufklarte und zwischen den Wolken schöne Lichtgarben direkt ins Meer fallen ließ. Nur eines machte ihm Sorgen, und zwar das hellblaue Mäntelchen von Elizas Tochter, das war (wie jeder Seewolf wusste) auf einem Schiffsdeck ein schlechtes Omen. Er kniff die Augen zusammen und versuchte, nicht dran zu denken. Er nahm Kurs auf den Ozean und brachte den Fahrgästen eine Kiste Cola und Salzstangen hinunter, die er schon lange für diesen Anlass besorgt und bereitgestellt hatte. Offensichtlich tat ihnen dieser kleine Imbiss gut, denn die Kinder, den Blick auf die immer ferner entschwindende Küste der Insel geheftet, wurden still, und die Erwachsenen zeigten wachsendes Interesse an der Reise.

»Wohin hast du Kurs genommen?«, fragte der jüngere der Brüder T. und musste von der Cola aufstoßen.

»Wie lange brauchen wir, bis wir aufs offene Meer kommen?«, fragte die Kindergärtnerin Eliza.

»Haben Sie auch an einen Vorrat an Treibstoff gedacht?«, erkundigte sich der alte Herr S. mit den kranken Nieren.

Zumindest kam es Eryk so vor, als sagten sie das und sonst nichts. Er bemühte sich, sie nicht anzuschauen und nicht nervös zu werden. Er hatte den Blick schon auf die Linie des Horizonts gerichtet, der bis jetzt seine Augen in zwei Hälften geschnitten hatte: eine, die vom Wasser dunkel, und die andere, die vom Wasser hell war. Die Passagiere hatten sich ja auch beruhigt. Sie drückten sich die Mützen in die Stirn, banden ihre Schals enger. Man könnte sagen, sie fuhren in völliger Stille dahin, bis das Knattern eines Hubschraubers und das Heulen von Polizeibooten diese durchschnitt.

»Es gibt Dinge, die geschehen von selbst, es gibt Reisen, die beginnen und enden im Traum, und es gibt Reisende, die antworten auf den gestammelten Ruf ihrer eigenen Unruhe. Ein solcher steht nun vor Ihnen ...« Mit diesen Worten begann der Verteidiger seine Rede bei Eryks kurzem Prozess im Gericht. Leider hatte diese bewegende Rede des Verteidigers nicht die gewünschte Wirkung, und unser Held geriet wieder für eine gewisse Zeit ins Gefängnis, ich hoffe, zu seinem Vorteil. Denn für ihn gibt es ohnehin nichts anderes mehr als das dem Meer mit seinen unerforschten Gezeiten entlehnte wogende Auf und Ab.

Doch damit werden wir uns jetzt nicht befassen.

Doch was, wenn mich nun am Ende dieser Geschichte jemand fragen wollte, wenn dieser seine Zweifel ausführen wollte, ob diese die Wahrheit und nichts als die Wahrheit ist? Wenn er mich an der Schulter fasste, mich ungeduldig schüttelte und schrie: »Ich beschwöre dich, sag mir doch aus tiefster Überzeugung, ob

diese Geschichte wirklich wahr ist? Bitte mir zu verzeihen, wenn ich zu aufdringlich bin –«, dann würde ich ihm verzeihen und antworten: »So wahr mir Gott helfe und auf meine Ehr, die Geschichte, welche ich euch erzählt, meine Damen und Herren, ist im Kern und in ihren wesentlichen Punkten wahr. Ich weiß, dass sie wahr ist; es geschah auf diesem Erdenrund; ich selbst betrat diese Fähre.«

Ein Schiff,
das auf dem Fluss
groß ist, ist winzig
auf dem Meer.

SENECA

JULES VERNE

20 000 Meilen unter dem Meer

Am 11. November, früh morgens, gab mir die im Innern des Nautilus verbreitete frische Luft zu erkennen, dass wir uns auf die Oberfläche des Meeres begeben hatten, um unseren Vorrat an Sauerstoff zu ergänzen.

Es war sechs Uhr. Der Himmel zeigte sich bedeckt, das Meer grau, doch ruhig; kaum eine Bewegung der Wellen. Sollte wohl der Kapitän Nemo, wie ich hoffte, sich einfinden? Ich bemerkte nur den Steuerer in seinem Glas-Gehäuse. Ich setzte mich auf einen Vorsprung, welchen der Rumpf des Bootes gewährte, und atmete mit Behagen die köstliche Seeluft ein.

Allmählich ward der Nebel durch die Strahlen der Sonne zerstreut, die im Osten am Horizont emporstieg. Das Meer geriet wie durch ein Laufpulver in Flammen. Das in der Höhe zerstreute Gewölk färbte sich in wunderbarer Schattierung der Töne.

Ich bewunderte diesen freundlichen Sonnenaufgang, der so belebend wirkte, als ich jemanden die Treppe heraufkommen hörte.

Ich war schon im Begriff, den Kapitän zu begrüßen, aber es war der Schiffsleutnant, den ich bereits beim ersten Besuch des Kapitäns kennengelernt hatte. Er trat vor auf die Plattform und schien meine Anwesenheit nicht zu bemerken. Mit seinem starken Fernrohr forschte er am Horizont mit äußerster Achtsamkeit nach allen Richtungen. Darauf trat er zu der Lücke und sprach eine Phrase, die ich mir buchstäblich gemerkt habe:

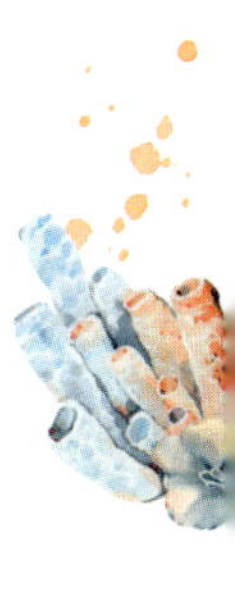

»Nautron respoc lorni virch.«

Was sie bedeutet, kann ich nicht sagen.

Nachdem der Schiffsleutnant diese Worte gesprochen, stieg er wieder hinab. Ich meinte, der Nautilus werde seine unterseeische Fahrt fortsetzen, begab mich daher wieder zu der Luke, stieg hinab und ging in mein Zimmer.

So verflossen fünf Tage, ohne dass die Lage sich änderte. Jeden Morgen stieg ich zur Plattform hinauf. Die nämliche Person sprach die nämliche Phrase. Der Kapitän Nemo erschien nicht.

Ich hatte mich schon darein ergeben, ihn gar nicht mehr zu sehen, als ich am 16. November, beim Eintritt in mein Zimmer, auf dem Tisch ein an mich adressiertes Billett fand.

Ich öffnete es ungeduldig. Die Schriftzüge waren frei und klar, aber etwas gotisch, was an deutsche Schrift erinnerte.

Sein Inhalt war:

Herrn Professor Arronax, an Bord des Nautilus.

16. November 1867

Der Kapitän Nemo lädt Herrn Professor Arronax zu einer Jagdpartie ein, die morgen früh in den Wäldern der Insel Crespo stattfinden soll. Er hofft, dass der Herr Professor nicht verhindert sein wird, daran teilzunehmen, und er wird mit Vergnügen sehen, dass seine Gefährten sich ihm anschließen.
Der Kommandant des Nautilus,

Kapitän Nemo

»Eine Jagd!«, rief Ned aus, der nebst Conseil mit mir eingetreten war.
»Und in den Wäldern der Insel Crespo!«, fügte Conseil bei.
»Da wird ja der Sonderling doch ans Land gehen?«, fuhr Ned-Land fort.
»Das scheint mir klar angedeutet«, sagte ich und las den Brief noch einmal.

Ich sah mich auf der Landkarte um und fand unter dem 32 ° 40 ' nördlicher Breite und 167 ° 50 ' westlicher Länge ein im Jahre 1801 von Kapitän Crespo entdecktes Inselchen, das auf den alten spanischen Karten Rocca de la Plata, d. h. »Silberfelsen«, benannt war. Wir befanden uns also ungefähr achtzehnhundert Meilen von unserem Abfahrtspunkt entfernt und die etwas geänderte Richtung des Nautilus führte ihn südöstlich.

Ich zeigte meinen Gefährten den kleinen, mitten im nördlichen Stillen Meer verlorenen Felsen.

»Wenn der Kapitän Nemo irgendwo sich an Land begibt«, sagte ich zu ihnen, »so wählt er wenigstens gänzlich verlassene Inseln.«

Ned-Land zuckte mit den Achseln, ohne zu antworten, dann ging er nebst Conseil weg.

Nach einem Abendessen, das mir der Steward stumm und mit gleichgültiger Miene auftrug, schlief ich, nicht ohne einige Befangenheit, ein.

Am folgenden Tag merkte ich beim Erwachen, dass der Nautilus vollständig unbeweglich war. Ich kleidete mich rasch an und begab mich in den großen Saal.

Dort war Kapitän Nemo. Er hatte mich schon erwartet, stand auf, grüßte und fragte mich, ob es mir genehm wäre, ihn zu begleiten.

Da er mit keinem Wort seine achttägige Abwesenheit berührt hatte, so sprach ich auch kein Wort davon und erwiderte bloß, ich sei nebst meinen Gefährten bereit, ihn zu begleiten.

»Nur, mein Herr,« fügte ich bei, »möchte ich mir eine Frage an Sie erlauben.«

»Fragen Sie nur, Herr Arronax, und womöglich werde ich darauf antworten.«

»Nun, Kapitän, wie kommt's, dass Sie, der Sie doch jede Verbindung mit der Erde abgebrochen haben, Wälder auf der Insel Crespo besitzen?«

»Herr Professor«, erwiderte mir der Kapitän, »die Wälder, die ich besitze, bedürfen weder Licht noch Wärme von der Sonne. Es hausen da weder Löwen noch Tiger noch Panther oder sonst ein vierfüßiges Tier. Ich allein kenne sie. Es sind nicht Landforsten, sondern unterseeische.«

»Unterseeische Wälder!«, rief ich aus.

»Ja, Herr Professor.«

»Und Sie wollen mich dahinführen?«

»Jawohl.«

»Zu Fuß?«

»Sogar trockenen Fußes.«

»Auf der Jagd?«

»Auf der Jagd.«

»Die Büchse in der Hand?«

»Die Büchse in der Hand.«

Ich sah den Kommandanten des Nautilus mit einer Miene an, die nichts Schmeichelhaftes für ihn hatte.

»Ganz gewiss ist der Mann gehirnkrank«, dachte ich.

Wir kamen in den Speisesaal, wo das Frühstück aufgetragen war.

»Herr Arronax«, sagte der Kapitän, »ich bitte Sie, ohne Umstände mit mir zu frühstücken. Wir können beim Essen plaudern. Ich habe Ihnen eine Jagdpartie im Wald versprochen, aber dass wir dabei ein Restaurant treffen, habe ich Ihnen nicht zugesagt. Frühstücken Sie daher, als würden wir vermutlich sehr spät zum Dinner kommen.«

Ich war also beflissen, dem Mahl Ehre zu machen. Es bestand aus verschiedenen Fischen und Stücken Seegurken, trefflichen Tierpflanzen, dazu appetitanregende Algen. Zum Trunk diente klares Wasser, worin ich nach dem Beispiel des Kapitäns einige Tropfen Likör mischte, der, wie zu Kamtschatka, aus einer Algenart gewonnen war.

Der Kapitän Nemo aß zunächst, ohne ein Wort zu sprechen. Dann sagte er:
»Herr Professor, als ich Ihnen den Vorschlag einer Jagdpartie auf der Insel Crespo machte, glaubten Sie, ich sei mit mir selbst im Widerspruch. Als ich Ihnen mitteilte, dass es sich um unterseeische Wälder handle, haben Sie mich für einen Narren angesehen. Herr Professor, man soll nie so leicht ein Urteil über die Menschen fassen.«
»Aber, Kapitän, glauben Sie ...«
»Hören Sie mich gefälligst an, dann werden Sie sehen, ob Sie mir Widerspruch mit mir selbst oder Narrheit vorwerfen dürfen.«
»Ich höre Sie an.«
»Herr Professor, Sie wissen so gut wie ich, dass der Mensch unter Wasser leben kann, wenn er seinen Bedarf an Luft zum Einatmen bei sich hat. Bei unterseeischen Arbeiten bekommen die Werkleute, in wasserdichter Kleidung und den Kopf in einer metallenen Kapsel, die Luft von außen vermittelst Druckpumpen und Luftregulatoren.«
»Sie meinen den Skaphanderapparat«, sagte ich.
»Allerdings, aber unter diesen Bedingungen ist der Mensch nicht frei. Er ist an die Pumpe gebunden, die ihm die Luft durch einen Gummischlauch zusendet, eine wirkliche Kette, die ihn an die Erde fesselt, und wären wir so an den Nautilus gebunden, so würden wir nicht weit kommen.«

»Und wie kann man sich frei machen?«, fragte ich.
»Durch den Apparat Rouquayrol-Denayrouze, den zwei Ihrer Landsleute ersonnen, ich aber für meinen Gebrauch verbessert habe, sodass man imstande ist, sich in diese neue physiologische Lage zu wagen, ohne dass die Organe irgend dabei zu leiden haben. Er besteht aus einem Behälter von dickem Blech, worin ich die Luft unter einem Druck von fünfzig Atmosphären zusammenpresse und aufbewahre. Dieser Behälter wird mit Tragriemen, wie ein Tornister, auf dem Rücken befestigt.«

Der Kapitän Nemo führte mich zum Hinterteil des Nautilus, und im Vorübergehen vor Neds und Conseils Kabine rief ich meine beiden Gefährten ab und sie schlossen sich sogleich an.

Darauf kamen wir in eine kleine Zelle, die nach vorn hin neben dem Maschinenzimmer lag und worin wir unsere Spazierkleidung anzulegen hatten.

Diese Zelle war eigentlich Arsenal und Kleiderkammer des Nautilus. Ein Dutzend Skaphander-Apparate, die an der Wand hingen, harrten der Spaziergänger.

Der Kapitän rief und zwei Mann von den Schiffsleuten kamen und halfen uns, diese schweren, undurchdringlichen Kleider anzuziehen, die aus Kautschuk gefertigt und derart eingerichtet waren, dass sie bedeutenden Druck aushielten. Es war eine Rüstung, geschmeidig und widerstandsfähig zugleich.

Einer von der Mannschaft des Nautilus reichte mir eine einfache Flinte, deren stählerner Kolben innen hohl und ziemlich groß war. Er diente als Behälter der zusammengepressten Luft, welche durch eine Klappe mit einer Feder in den metallenen Lauf gelassen wurde. In dem dicken Teil des Kolbens war eine kleine Büchse, die etwa zwanzig elektrische Kugeln fasste, welche vermittelst einer Sprungfeder automatisch in den Gewehrlauf gelangten. Sobald ein Schuss losgegangen, war auch schon der folgende zum Abschießen fertig.

»Kapitän Nemo«, sagte ich, »das Gewehr ist vortrefflich und leicht zu handhaben. Ich wünsche nur, es zu probieren. Aber wie gelangen wir auf den Meeresgrund?«
»In diesem Augenblick, Herr Professor, sitzt der Nautilus in einer Tiefe von sechs Metern fest und wir brauchen uns nur auf den Weg zu machen.«
»Aber wie gelangen wir hinaus?«
»Sie werden's gleich sehen.«

Der Kapitän Nemo steckte seinen Kopf in die kugelförmige Kappe. Conseil und ich taten dasselbe, während der Kanadier uns ironisch »Glück zu der Jagd« wünschte. Unsere Kleidung endigte sich oben in ein kupfernes, schraubenartig ausgebohrtes Halsband, worauf der metallene Helm eingeschraubt wurde. Drei, mit dicken Gläsern versehene Löcher gestatteten, nach allen Richtungen zu sehen, indem man nur in der Kugel den Kopf zu drehen hatte. Sobald er aufgesetzt war, fingen die auf unseren Rücken befestigten Apparate ihre Tätigkeit an und ich für meinen Teil atmete leicht.

Welchen Eindruck unser Spaziergang in den Tiefen auf mich machte, könnte ich unmöglich schildern. Für solche Wunder fehlen die Worte.

Kapitän Nemo schritt voran und sein Genosse einige Schritte hinter uns. Conseil und ich blieben dicht beisammen, als hätten wir durch diese metallene Bepanzerung miteinander reden können.

Ich staunte über die Stärke des Lichtes, welches bis auf dreißig Fuß unter dem Meeresspiegel den Boden erhellte. Die Sonnenstrahlen drangen leicht durch die Wassermasse, welche dadurch ihre Färbung verlor. Ich konnte die Gegenstände in einer Entfernung von hundert Metern klar unterscheiden. Wahrhaftig, dieses Wasser um mich herum war zwar dichter als die Atmosphäre der Erde, aber fast ebenso durchsichtig. Über mir bemerkte ich die Oberfläche des Meeres ganz ruhig.

Wir schritten über feinen Sand ohne Runzeln, wie es an den Meeresküsten der Fall ist, wo Spuren der hohen See zurückbleiben. Diese blendende Fläche warf die Sonnenstrahlen mit auffallender Stärke zurück. Wird man mir glauben, wenn ich behaupte, dass ich in dieser Tiefe von dreißig Fuß wie am hellen Tag sehen konnte?

Eine Viertelstunde lang ging ich auf diesem mit Muschelstaub besäten Sand. Der Nautilus, welcher wie eine lange Klippe aussah, verschwand allmählich aus den Augen, aber sein Leuchtfeuer musste, wenn in den Gewässern die Nacht eintrat, unsere Rückkehr an Bord erleichtern. Auf dem Land, wo die Luft mit Staub durchdrungen ist, scheint dieses Licht düster, wie vom Nebel getrübt; aber auf und unter dem Meer pflanzen sich die elektrischen Lichtstreifen mit unvergleichlicher Reinheit weiter.

Inzwischen gingen wir immer fort und die ungeheure Sandfläche schien ohne Grenzen zu sein. Ich schob mit der Hand die Wassergardinen zurück, welche hinter mir wieder zusammenfielen, und der Druck des Wassers verwischte augenblicklich meine Fußstapfen.

Bald erkannte ich, undeutlich umrissen, einige Gegenstände. Ich sah prächtige Musterstücke von Felsen, mit Pflanzentieren der schönsten Sorte wie mit einem Teppich bedeckt, sodass ich im ersten Augenblick ganz betroffen war von dem außerordentlichen Anblick.

Es war damals zehn Uhr Vormittag. Die Sonnenstrahlen fielen in ziemlich schiefem Winkel auf die Oberfläche des Meeres, und da sich ihr Licht durch Brechung wie durch ein Prisma zerteilte, erschienen Blumen, Felsen, Pflänzchen, Muschelwerk, Polypen am Rande mit den sieben Regenbogenfarben geziert. Es war wundervoll zu schauen, eine wahre Augenweide, diese kaleidoskopartige Mischung von Farbentönen – grüngelb, orange, violett, indigo, hellblau!

Bei diesem Anblick war auch Conseil stehen geblieben. Der brave Junge war ohne Zweifel ins Klassifizieren dieser Mollusken und Zoophyten vertieft.

Es war ein rechter Jammer für mich, die glänzenden Musterstücke, die zu Tausenden auf dem Boden lagen, mit meinen Füßen zu treten. Aber wir mussten vorwärtsschreiten, und wir taten es, während über unseren Köpfen Scharen von Physaliden mit ultramarinblauen Fühlfäden, die mit den Wogen trieben, Medusen mit opal- oder zart rosenfarbenen Schirmen, uns gegen die Sonnenstrahlen deckten.

Bald änderte sich die Beschaffenheit des Bodens. Auf die Sandebene folgte eine Lage klebrigen Schlammes, der nur aus kieseligen oder kalkartigen Muscheln bestand. Hierauf durchwanderten wir eine Wiese von Algen. Diese dichten Rasen waren so reich, dass sie es mit den von Menschenhand gewebten Tapeten aufnehmen konnten. Gleichzeitig breitete sich über unseren Köpfen eine grüne Decke von Seepflanzen aus. Diese Algen, ein wahres Wunder der Schöpfung, gehören zu den größten Merkwürdigkeiten der allgemeinen Flora. Es gehören zu dieser Familie sowohl die kleinsten als auch die größten Pflanzen der Erde. Denn wie man einerseits im Raum von fünf Quadratmillimeter vierzigtausend dieser mit den Augen nicht wahrnehmbaren, mikroskopischen Pflänzchen gezählt hat, so hat man Fucus getroffen, die über fünfhundert Meter lang waren.

Seit etwa anderthalb Stunden hatten wir den Nautilus verlassen. Es war bald Mittagszeit, wie ich an den senkrechten Sonnenstrahlen, die sich nicht mehr brachen, erkannte. Der Farbenzauber schwand allmählich und die Nuancen von Smaragd und Saphir erloschen an unserem Firmament. Wir gingen im regelmäßigen Schritt, der erstaunlich stark auf dem Boden widerhallte. Das geringste Geräusch pflanzte sich mit einer Geschwindigkeit fort, an die das Ohr auf der Erde nicht gewöhnt ist. In der Tat ist das Wasser für den Ton ein besserer Leiter als die Luft und er pflanzt sich darin mit vierfacher Schnelligkeit fort.

In diesem Augenblick senkte sich der Boden in starkem Abfall. Das Licht nahm eine gleichmäßige Färbung an. Wir kamen bis zu einer Tiefe von hundert Metern und hatten dann einen Druck von zehn Atmosphären zu erleiden. Aber mein Skaphanderkleid war so beschaffen, dass dieser Druck mir in keiner Weise nachteilig war. Ich empfand nur in den Fingergelenken einige Unbehaglichkeit und auch diese verschwand bald. Der zweistündige Spaziergang in dem ungewohnten Harnisch hatte mich nicht im Mindesten ermüdet. Das Wasser trug dazu bei, dass die Bewegungen überraschend leicht vor sich gingen.

In der Tiefe von dreihundert Fuß waren die Sonnenstrahlen nur noch schwach wahrzunehmen. Es folgte ein rötliches Dämmerlicht. Doch sahen wir hinreichend, um unsere Richtung zu behalten.

In diesem Augenblick machte Kapitän Nemo halt. Er wartete, bis ich wieder bei ihm war, und zeigte mir mit dem Finger einige dunkle Massen, welche nicht weit von dort im Schatten hervortraten.

»Das ist der Wald der Insel Crespo«, dachte ich, und irrte nicht.

Endlich waren wir am Saum dieser Waldung angekommen, die ohne Zweifel zu den schönsten der ungeheuren Besitzungen des Kapitäns Nemo gehörte.

Dieser Wald bestand aus großen, baumartigen Pflanzen, und sobald wir unter seine umfassenden Wölbungen kamen, fiel mir sogleich eine eigentümliche Beschaffenheit ihres Gezweigs auf, wie ich sie bisher noch nicht beobachtet hatte.

Keines von den Kräutern des Bodens, keiner von den Zweigen der Gebüsche rankte oder wuchs in horizontaler Richtung. Sie stiegen alle aufwärts dem Meeresspiegel zu. Die dünnsten, faden- und bandartigen Pflanzen hielten sich gerade aufrecht, als seien die Stängel von Eisen. Schlingpflanzen und Meergräser nahmen beim Aufwachsen eine streng senkrechte Richtung, wie sie die Dichtigkeit des Elementes vorschrieb. Sonst unbeweglich, nahmen sie, wenn ich sie mit der Hand auseinanderschob, sogleich ihre frühere Lage wieder ein.

Der Boden des Waldes war mit spitzen Blöcken bedeckt, denen man nicht leicht ausweichen konnte. Die unterseeische Flora schien mir sehr vollständig zu sein, reicher sogar als unter den arktischen und tropischen Zonen, wo die Pflanzen minder zahlreich sind. Aber einige Minuten lang verwechselte ich unwillkürlich das Tierreich mit dem Pflanzenreich, Pflanzentiere mit Wasserpflanzen. Fauna und Flora stehen in der unterseeischen Welt dicht nebeneinander!

Gegen ein Uhr gab Kapitän Nemo das Zeichen zum Halt. Ich war wohl zufrieden damit und wir streckten uns nieder. Dieses Ausruhen schien mir köstlich, nur mangelte uns die Unterhaltung, denn das Anreden war so unmöglich wie das Erwidern. Ich näherte nur meinen dicken Kupferkopf dem Conseils. Ich sah bei diesem wackeren Jungen die Augen glänzen vor Befriedigung, und um es kundzugeben, machte er in seiner Schale höchst komische Bewegungen.

Nach dem vierstündigen Spaziergang war ich sehr erstaunt, keinen heftigen Hunger zu empfinden. Woher diese Stimmung des Magens kam, konnte ich nicht sagen, dagegen spürte ich eine unüberwindliche Neigung zum Schlafen, wie das bei allen Tauchern der Fall ist. Daher schlossen sich auch alsbald meine Augen hinter ihrem dichten Glas und ich sank in eine unwiderstehliche Schlaftrunkenheit. Der Kapitän Nemo nebst seinem kräftigen Genossen gaben uns hingestreckt im klaren Wasser das Beispiel zum Schlafen.

Wie lange ich in diesem Schlummer lag, konnte ich nicht schätzen; aber als ich aufwachte, schien mir die Sonne schon sich zum Horizont zu neigen. Kapitän Nemo war bereits aufgestanden und ich fing an, die Glieder zu strecken, als eine unerwartete Erscheinung mich rasch auf die Beine brachte.

Einige Schritte entfernt war eine riesenhafte, einen Meter hohe Meeresspinne, die mich, bereit zum Überfall, mit schielenden Augen ansah. Obwohl mein Skaphanderkleid dick genug war, um mich vor einem Biss des Tieres zu schützen, so konnte ich mich doch des Grauens nicht erwehren. In dem Augenblick erwachten Conseil und der Matrose des Nautilus. Kapitän Nemo zeigte ihnen das hässliche Tier, streckte es mit einem Kolbenschlag augenblicklich nieder und ich sah die fürchterlichen Füße des Ungeheuers in grässlichen Zuckungen sich winden.

Dieses Begegnen erregte bei mir den Gedanken, dass andere, furchtbarere Tiere in diesen dunkeln Gründen hausen könnten, gegen deren Angriff mein Skaphander mich nicht schützen würde. Bisher hatte ich nicht daran gedacht und ich beschloss, auf meiner Hut zu sein.

Der Boden wurde immer niedriger und sein stärkerer Abhang führte uns in größere Tiefen hinab. Es musste etwa drei Uhr sein, als wir in ein enges Tal zwischen hohen, steilen Wänden kamen, in einer Tiefe von ungefähr hundertfünfzig Metern. Ich hatte kein Instrument, um diese Distanz zu messen, aber ich wusste, dass selbst in Meeren mit klarstem Wasser die Sonnenstrahlen nicht tiefer dringen konnten.

Nun wurde es aber völlig dunkel; man konnte nicht mehr auf zehn Schritte einen Gegenstand erkennen. Indem ich tastend vorwärtsschritt, sah ich auf einmal ein weißes, lebhaftes Licht erglänzen. Kapitän Nemo hatte seinen elektrischen Apparat in Tätigkeit gesetzt. Sein Genosse machte es ihm nach und ich folgte nebst Conseil ihrem Beispiel. Durch Drehen einer Schraube stellte ich die Verbindung der Induktionsröhre mit der gläsernen Serpentine her, und das Meer ward durch unsere vier Laternen bis auf fünfundzwanzig Meter weit im Umkreis erleuchtet.

Während wir vorwärtsschritten, fiel mir ein, dass das Licht unserer Rühmkorffapparate notwendig manche Bewohner dieser dunkeln Schichten herbeilocken würde. Sie kamen uns zwar nahe, hielten sich aber doch in einer Entfernung, welche für Jäger nicht angenehm war. Manchmal bemerkte ich, dass Kapitän Nemo stillstand und sein Gewehr anlegte; dann, nachdem er eine Weile beobachtet hatte, setzte er seinen Weg fort.

Endlich, gegen vier Uhr, fand dieser merkwürdige Ausflug sein Ziel. Eine Wand prachtvoller Felsen von imponierender Masse ragte vor uns empor, riesenhafte Blöcke übereinander getürmt, ein ungeheurer, steiler Granitabhang mit dunkeln Grotten, der aber keinen Aufgang, auf dem man irgend fortkommen konnte, darbot.

Kapitän Nemo machte plötzlich halt. Mit einem Wink hemmte er unsere Schritte, und so sehr ich gewünscht hätte, über diese Gebirgswand hinauszukommen, musste ich mich darein ergeben. Die Besitzungen des Kapitäns Nemo hatten hier ein Ende. Darüber hinaus wollte er nicht.

Es begann also der Rückweg. Der Kapitän Nemo hatte sich wieder an die Spitze seiner kleinen Schar gestellt und schritt sicher voran. Ich glaubte wahrzunehmen, dass wir nicht den nämlichen Weg einschlugen, um wieder zum Nautilus zu kommen. Dieser neue, sehr steile und folglich mühevolle Weg brachte uns rasch in die Nähe der Meeresoberfläche.

Doch geschah diese Rückkehr in die oberen Schichten nicht so rasch, dass der Druck von oben zu stark gewesen wäre, was in unserm Organismus bedenkliche Störungen hätte veranlassen und innere Verletzungen verursachen können, wie sie den Tauchern so nachteilig sind. Sehr bald kam wieder das Sonnenlicht zum Vorschein und nahm zu, und da die Sonne bereits niedrig stand, so wurden durch die Brechung der Strahlen die Gegenstände abermals mit einem bunten Rand umgeben.

Bei zehn Metern Tiefe wandelten wir inmitten eines Schwarms kleiner Fische aller Art, die zahlreicher waren als die Vögel in der Luft, auch weit beweglicher; aber ein Wildbret, das eines Schusses würdig gewesen wäre, war uns noch nicht aufgestoßen.

In dem Augenblick sah ich, wie Kapitän Nemo lebhaft die Büchse anlegte und auf einen beweglichen Gegenstand im Gebüsch zielte. Der Schuss ging los, ich hörte ein schwaches Pfeifen, und ein Tier fiel in einer Entfernung von einigen Schritten nieder.

Es war ein prächtiger Seeotter, das einzige vierfüßige, nur im Meer lebende Tier. Sein Fell, oben braun und unten silberfarben, bildet einen der geschätztesten und gesuchtesten Artikel auf dem russischen und chinesischen Pelzmarkt, der mindestens zweitausend Francs gilt. Ich bewunderte das merkwürdige Säugetier mit rundem Kopf und kurzen Ohren, runden Augen, weißen Schnauzborsten, wie die Katzen haben, handförmigen Füßen mit Krallen und buschigem Schwanz. Dieser kostbare Fleischfresser, von den Fischern aufgetrieben und verjagt, wird äußerst selten. Er hat sich besonders in die nördlichen Gegenden des Stillen Ozeans geflüchtet, wo die Gattung wahrscheinlich bald aussterben wird.

Der Genosse des Kapitän Nemo nahm das Tier auf seine Schulter und wir setzten unseren Weg fort.

Ein großer Vogel mit weit ausgespannten Flügeln, der sehr deutlich zu erkennen war, streifte mit schwebenden Fittichen nahe über dem Wasser. Des Kapitäns Genosse legte auf ihn an und schoss, als er sich einige Meter über den Wogen befand. Getroffen sank das Tier herab, dass der gewandte Jäger es greifen konnte und mit sich nahm. Es war ein Albatros der schönsten Sorte.

Dieser Zwischenfall unterbrach nicht unseren Weg. Zwei Stunden lang gingen wir bald auf Sandflächen, bald auf Wiesen von Meergras, worauf schwer fortzukommen war. Offen gestanden, ich war erschöpft, als ich einen schwachen Lichtschein gewahrte, der eine halbe Meile weit durch die dunklen Gewässer drang. Es war die Leuchte des Nautilus. Vor Ablauf von zwanzig Minuten mussten wir an Bord sein, wo ich wieder aufatmen konnte, denn mein Behälter schien mir eine Luft mit wenig Sauerstoff zu gewähren.

Aber es begegnete uns noch ein anderes Ereignis, das uns ein wenig aufhielt.

Ich war etwa zwanzig Schritt zurückgeblieben, als ich Kapitän Nemo hastig auf mich zukommen sah. Mit kräftiger Hand bog er mich nieder zur Erde, während sein Genosse es ebenso mit Conseil machte. Anfangs wusste ich nicht recht, was ich von dem barschen Anfall denken sollte, aber ich beruhigte mich, als ich sah, dass der Kapitän sich neben mich legte und sich stillhielt.

Ich lag also der Länge nach auf dem Boden und oben geschützt von einem Büschel Seegras, als ich den Kopf aufrichtete und bemerkte, wie ungeheure Massen mit lautem Getöse und phosphoreszierendem Schein vorüberzogen.

Das Blut erstarrte mir in den Adern! Es waren fürchterliche Haifische mit ungeheurem Schwanz und düsteren, glasartigen Augen, die einen phosphoreszierenden Stoff absonderten, der durch Löcher um das Maul herum träufelte. Diese Ungeheuer konnten in ihren eisernen Rachen einen ganzen Menschen zerbröckeln!

Zum Glück sehen diese gefräßigen Tiere nicht sehr scharf. Sie tosten vorüber, ohne uns zu bemerken, streiften uns nur mit ihren bräunlichen Flossen, und wir entkamen wie durch ein Wunder einer Gefahr, die gewiss größer war, als wenn man einem Tiger im Wald begegnet.

Eine halbe Stunde später, geleitet von dem elektrischen Lichtstrahl, langten wir beim Nautilus an. Die äußere Tür war offen geblieben, und der Kapitän Nemo schloss sie wieder, sobald wir in das vordere Kämmerchen getreten waren.

Darauf drückte er auf einen Knopf. Ich hörte die Pumpen im Schiff arbeiten, fühlte, wie das Wasser um mich herum sank, und in einigen Augenblicken war die Zelle ganz leer. Nun öffnete sich die innere Türe und wir kamen in die Kleiderkammer.

Hier wurde uns, nicht ohne Beschwerde, die Skaphanderkleidung abgezogen, und ich begab mich, sehr abgemüdet, der Erschöpfung und dem Schlaf erliegend, wieder in mein Zimmer, voll Staunen über diesen merkwürdigen Ausflug auf dem Meeresgrund.

Das Ufer ist sicherer,
aber ich mag es,
mit den Wellen des Meeres
zu ringen.

EMILY DICKINSON

RUDYARD KIPLING

Die weiße Robbe

Was ich euch jetzt erzählen will, ereignete sich vor vielen Jahren in Novastoschna, hoch im Norden an der östlichen Küste der kleinen Insel St. Paul, weit, weit hinten in der Beringsee. Limmershin, der Winterzaunkönig, hat mir die Geschichte erzählt, damals, als der Passat ihn auf den Dampfer verwehte, mit dem ich nach Japan reiste; ich nahm ihn in meine Kabine und pflegte und fütterte ihn ein paar Tage, bis er kräftig genug war, wieder nach der Insel St. Paul heimzufliegen. Limmershin ist ein uralter Vogel und er kennt viel wunderliche Mären.

Nach Novastoschna kam nie jemand, außer er hatte etwas zu tun; und eigentlich nur die Robben hatten regelmäßig dort etwas zu schaffen. Wenn der Schnee im Sommer geschmolzen ist, dann kamen sie zu Hunderttausenden aus der kalten, grauen See herbeigeschwommen, denn die Bucht von Novastoschna war für Robben der schönste Platz auf der ganzen Welt.

Scharfzahn, der alte, erfahrene Seehund, wusste das genau, und jeden Frühling kam er herbei, gleichgültig, wo er sich gerade aufhielt – kam herbeigeschwommen, beinahe so schnell wie ein Torpedoboot, schnurstracks auf Novastoschna zu, um sich in wildem Kampf mit seinen Genossen einen guten Platz auf den Klippen nahe der See zu erobern.

Scharfzahn war fünfzehn Jahre alt, eine mächtige graue Pelzrobbe mit fast einer Mähne auf den Schultern und langen, bösen Hundefängen. Wenn sich Scharfzahn auf den breiten Ruderfüßen aufrichtete, um Ausschau zu halten, so stand er höher als vier Fuß vom Boden – er tat das gern, und die jungen Robben blickten dann mit Ehrfurcht auf die Narben, die den ganzen Körper bedeckten und von unzähligen Kämpfen herrührten. Witterte er irgendwo einen raufiustigen Gesellen, so legte er seinen dicken Kopf auf die Seite und schloss halb die Augen, als fürchte er sich, dem Gegner in das Gesicht zu sehen; dann aber schoss er blitzschnell vorwärts – er biss und riss und schnurrte und knurrte – sein volles Gewicht von siebenhundert Pfund lag auf dem Gegner und suchte ihn zu erdrücken (...) und Scharfzahn hatte nicht die Absicht, sich möglichst leicht zu machen.

Dennoch verfolgte er niemals einen Seehund, der um Gnade bat oder atemlos davonrannte, denn das war gegen das Gesetz der Bucht. Er wollte nur einen geräumigen Heimplatz für seine Frau und Kinder dicht an der Küste haben; und da jeden Frühling vierzig- bis fünfzigtausend Robben mit ganz derselben Absicht herbeikamen und keine einer anderen den Platz ohne heißen Kampf gönnte, so kann man sich leicht vorstellen, dass ihr Bellen, Pfeifen und Brüllen an der Bucht ein wahres Höllenspektakel machte.

Ihre Frauen kamen niemals vor Ende Mai zur Insel, denn sie hatten keine Lust, sich in Stücke reißen zu lassen. Die Jungen, die erst zwei, drei oder vier Jahre alt waren, gingen den alten Kämpfern aus dem Weg und watschelten ungefähr eine Viertelmeile in das Land hinein. Hier balgten sie sich spielend umher und nagten jedes grüne Hälmchen ab. Sie wurden Holluschickie, Junggesellen, genannt, und allein in Novastoschna gab es ungefähr zwei- oder dreihunderttausend von ihnen.

Scharfzahn hatte eines Frühlings gerade seinen fünfundvierzigsten Kampf glücklich zu Ende geführt, als plötzlich Matka, sein schlankes, sanftäugiges Weibchen, aus den Wellen auftauchte. Er packte sie am Genick und zog sie, nicht eben behutsam, auf seinen erkämpften Platz. »Spät wie gewöhnlich!«, grollte er. »Wo hast du denn gesteckt?«

Scharfzahn pflegte während seines viermonatigen Aufenthaltes an der Bucht kaum etwas zu essen und befand sich deshalb in schlechter Stimmung. Matka war klug genug, die Antwort schuldig zu bleiben. Sie blickte umher und sagte mit einschmeichelnder Stimme: »Wie aufmerksam von dir! Du hast unseren alten Platz wiedergewonnen!«

Scharfzahn zog stolz den Kopf zwischen die fetten Schultern und tat, als ob er schliefe, aber er schielte währenddessen mit einem Auge verstohlen umher, ob er nicht irgendwo einen kampflustigen Feind erspähen könne. Die Robben waren nun vollzählig mit ihren Frauen am Strande versammelt und ihr Geschrei und Bellen war meilenweit in allen Richtungen zu hören, selbst wenn der Sturm mit ihnen um die Wette heulte. Niedrig gerechnet, waren mehr als eine Million Robben an der Küste versammelt – alte Männchen, rundliche Weibchen, zarte

Babys und Holluschickies. Unaufhörlich blökten und bellten sie, balgten sich oder spielten miteinander, warfen sich von den Klippen mit mächtigem Sprung in das aufschäumende Wasser, tauchten in Scharen wieder aus den Wellen, bedeckten jeden Fußbreit Boden am Strande und führten zu ganzen Regimentern ihre Gefechte durch im Nebel. Denn auf Novastoschna war es fast immer nebelig; nur selten brach die Sonne durch und dann erglänzte alles für kurze Zeit in den buntesten Farben.

Inmitten all des Lärmes kam Kotick, Matkas Jüngster, zur Welt. Anfangs war er fast nur Kopf und Schultern, mit hellen, wasserblauen Augen, wie es sich für einen jungen Seehund geziemt. Aber etwas Besonderes war an ihm, was seine Mutter veranlasste, oftmals sein Fell ganz genau zu betrachten.

»Scharfzahn«, sagte sie schließlich, »unser Jüngstes wird ein weißes Fell bekommen!«

»Potz Austern und Muscheln!«, rief Scharfzahn unwillig. »Dummes Geschwätz! Einen weißen Seehund gab es noch nie, solange die Welt steht.«

»Nun, dann gibt es ihn eben jetzt«, sagte Matka; und sie summte leise das Lied, das alle Robbenmütter ihren Jungen vorsingen:

Bleib hübsch auf dem Lande, mein liebes Kind,
bis sechs ganze Wochen vergangen sind!
Sonst zieht dein Kopf dich hinunter
und, plumps, gehst du unter! Ja, unter!
Bleib hübsch auf dem Lande, mein liebes Kind,
bis stark dir die Füße gewachsen sind,
dann kannst du vom Felsen dich schwingen
und, klatsch, in die Wellen springen.

Lausch hübsch meinen Worten, lausch hübsch meinem Lied,
damit dir, mein Herzblatt, kein Unglück geschieht!
Schließ sorglos die Äuglein, denn Mütterchen wacht,
und träum von dem Meere! Schlaf süß! Gute Nacht!

Natürlich verstand der Kleine anfangs die Worte nicht. Er krabbelte an seiner Mutter Seite und lernte beizeiten, Vater aus dem Weg zu gehen, wenn dieser mit einer anderen Robbe kämpfte. Als er ein wenig selbstständig geworden war, kroch er an den Sanddünen entlang und traf dort viele Tausende von Babys im gleichen Alter, die miteinander spielten, sich auf dem sauberen Sand schlafen legten und dann wieder zu spielen begannen.

Wenn Matka von ihrem Jagdzug auf hoher See zurückkam, eilte sie schnurstracks zum Spielplatz und blökte wie eine Schafmutter, die ihr Lamm herbeiruft. Wenn sie Koticks bellende Antwort hörte, dann eilte sie auf dem allerkürzesten Wege zu ihm und schlug dabei rechts und links mit den Ruderhänden um sich, sodass die spielenden Kleinen heulend und grunzend zur Seite flogen. Da nun täglich ein paar hundert Mütter auf der Suche nach ihren Kindern waren, kann man sich denken, dass es auf dem Spielplatz manchmal recht munter zuging. »Das schadet alles nichts! Solange du dich nicht im schmutzigen Wasser herumtreibst und die Räude kriegst, und nicht schwimmen gehst, wenn der Sturm das Meer aufwühlt, solange wird dir hier kein Leid geschehen!«

Junge Robben können ebenso wenig schwimmen wie kleine Kinder, aber sie ruhen nicht eher, bis sie es von Grund auf gelernt haben. Als Kotick sich das erste Mal ins Meer wagte, ging er natürlich zu weit hinein und eine große Welle riss ihn in tiefes Wasser. Da zappelte er! Sein dicker Kopf zog ihn hinunter, als trüge er einen Ziegelstein um den Hals, und seine Hinterfüße ragten hoch in die Luft, ganz wie es seine Mutter ihm so oft vorgesungen hatte. Hätte ihn die nächste Welle nicht wieder zurückgeworfen, so wäre er jämmerlich ertrunken. Der Schreck fuhr ihm in die Knochen und lehrte ihn, in Zukunft vorsichtig zu sein und die Ratschläge seiner Mutter zu befolgen. Er legte sich von nun an behutsam in eine der vielen Felsengrotten, in denen das Wasser ganz seicht war; die Wellen brachen sich an den Klippen und kamen zischend mit ihrem schneeweißen Schaum herbei, als ob sie etwas Großes ausrichten wollten, sie hatten aber nur noch so viel Kraft, Kotick für einen Augenblick hochzuheben. Es war eine Lust, in ihnen umherzuplanschen, und bei all dem Vergnügen vergaß Kotick nicht, das Meer im Auge zu behalten, damit nicht plötzlich eine mächtige Welle ihn überraschte und hinwegschwemmte. Hatte er sich müde geplanscht, kroch er auf den gelben Sand, machte ein Schläfchen und sprang wieder in die Wellen.

Endlich fühlte er sich im Wasser heimisch und jetzt begann ein herrliches Leben. Er fürchtete die brausenden Wogen nicht mehr; er sprang mitten in die Gischt hinein und lachte, wenn die Wellen brüllten, als kämen sie, ihn und seine Freunde zu verschlingen. Und wie herrlich war es, oben, ganz oben auf dem weißen

Kamm einer Welle pfeilschnell herbeizuschießen und dann mitten in all dem Schaum und Getöse hoch auf dem glitzernden Strand zu landen.

Manchmal spielte er mit seinen Freunden »Ich bin der König im Schloss« – da ging's denn wie im Sturm über die schlüpfrigen, algenbewachsenen Felsen, durch die Luft ins Meer und wieder heraus auf die Klippen. Manchmal sah er dicht an der Küste eine lange Finnflosse aus dem Wasser hervorragen – das war Seemörder, der Haifisch, der gern junge Robben zu Mittag verspeist, wenn er sie fangen kann. Dann flüchtete Kotick schnell wie der Blitz in das seichte Wasser, und Seemörder ruderte langsam davon, als hätte er sich's niemals träumen lassen, an die jungen Robben zu denken!

Spät im Oktober begannen die Robben, St. Paul zu verlassen und familienweise oder in zahlreichen Herden in die weite See hinauszuwandern. Und dann machte sich auch Scharfzahn mit Weib und Sohn auf die weite, weite Reise quer über den Stillen Ozean. Matka zeigte ihrem Jungen, wie er auf dem Rücken schlafen konnte, die Füße sachte an den Bauch gelegt und mit der kleinen Nase gerade aus dem Wasser. Es gibt keine Wiege, in der es sich so urgemütlich träumen lässt wie auf dem Kamm einer mächtigen Woge im Ozean. – Als Kotick zum ersten Mal über der ganzen Haut ein sonderbares Kribbeln fühlte, sagte ihm seine Mutter, dass er nun eine »Sturmhaut« bekomme und dass das prickelnde Gefühl unter dem Fell böses Wetter bedeute. »In solchem Falle musst du machen, dass du so schnell wie möglich davonkommst. Übrigens«, setzte sie hinzu, »du kannst vorläufig nichts Besseres tun, als blindlings dem alten Seeschwein zu folgen, denn es ist sehr weise und kennt sich aus wie kein anderer. Bald wirst du klug genug sein, deinen eigenen Weg zu finden.« Bald darauf jagte eine Schar von Schweinsfischen springend und tauchend durch das Wasser. »Hallo!«, keuchte Kotick, ihnen nacheilend. »Woher wisst ihr die Richtung, in der ihr gehen müsst?«

Der Leiter der Herde tauchte unter. Als er wieder hervorkam, war er weit entfernt, aber Kotick war im Augenblick an seiner Seite. »Wohl getan, Kleiner!«, rief er, die weißen Augen rollend. »Ich fühle ein Kribbeln in der Schwanzflosse, das bedeutet, dass Sturm hinter uns kommt. Bist du aber südlich vom heißen Wasser (er meinte den Äquator), dann bedeutet das Kitzeln in der Flosse einen Sturm von Norden. Komm mit uns! Es steht hier schlimm mit dem Wasser.«

Dies war eines von den vielen Dingen, die Kotick lernen musste, und immerzu lernte er Neues. Matka lehrte ihn, dem Dorsch nachzustellen und dem Heilbutt unter die Klippen zu folgen und allerlei Einsiedler aus ihren Schlupfwinkeln in dicht verschlungenen Seegewächsen hervorzuholen; sie zeigte ihm, wie man geräuschlos an den versunkenen Schiffen hundert Fuß unter dem Meeresspiegel entlanggleitet, um dann plötzlich wie eine Kanonenkugel durch die eine Luke hineinzuschießen, mitten unter die ahnungslosen Fische, und aus der anderen wieder hinaus.

Sie lehrte ihn tanzen auf dem Kamm der Wogen, wenn Blitze über den Himmel zuckten; wie man mit der Flossenhand den stumpfschwänzigen Albatros höflich grüßte und den Kriegsfalken, wenn sie im Wind über das Meer segelten; wie man, gleich dem Delfin, vier bis fünf Fuß hoch über das Wasser springt, Padden fest angelegt und Schwanzflosse hochgestellt; dass man die fliegenden Fische in Ruhe lässt, weil sie nur Haut und Gräten sind; wie man tief unten im Wasser einen großen Fisch pfeilschnell anrennen und ihm ein mächtiges Stück aus der Schulter beißen kann; und dass man vor allem niemals anhält, wenn man ein Boot oder Schiff erblickt, besonders sich aber vor einem Ruderboot hütet. Als sechs Monate vergangen waren, wusste Kotick von der Jagd im Meer alles, was wissenswert war, und während dieser ganzen, langen Zeit fühlte er kein festes Land unter den Füßen.

Eines Tages schaukelte er sich schläfrig im warmen Wasser nahe der Insel Juan Fernandez; er fühlte sich matt und unruhig, ganz so, wie es den jungen Menschen geht, wenn der Frühling kommt. Da dachte er an den prächtigen festen Strand in der Bucht von Novastoschna, siebentausend Meilen entfernt; er sehnte sich zurück nach den lustigen Spielen mit seinen Kameraden und nach dem Duft des Seetangs, nach dem Lärm und all dem Getümmel. Ganz unwillkürlich schlug er die nördliche Richtung ein; er ruderte und ruderte, und plötzlich sah er ganze Scharen seiner alten Spielfreunde, alle mit der Nase nach Norden.

»Hallo! Da bist du ja, Kotick!«, riefen sie ihm zu. »Hurra! Dieses Jahr sind wir alle Holluschickie und wir können den Feuertanz tanzen in den Brechern von Lukannon und spielen auf dem jungen Gras. Aber, Kotick, wo hast du denn dein sonderbares Kleid her?«

Koticks Pelz war nun beinahe so weiß wie frisch gefallener Schnee, und obwohl er sehr stolz darauf war, sagte er ärgerlich: »Vorwärts! Lasst die dummen Fragen! Der Frühling steckt mir in den Knochen!« Und wieder schwammen sie, schwammen immer nach Norden. So kamen sie zum Strand ihrer Geburt und hörten schon von Weitem das Kampfgebraus ihrer Väter im wallenden Nebel.

In der folgenden Nacht tanzte Kotick mit den Jünglingen den Feuertanz. Das Meer auf der ganzen Strecke von Novastoschna bis Lukannon ist nämlich voll von Feuer, das in den Nächten auf den Kämmen der Wellen aufleuchtet und im Mondeslicht seltsam glüht. Und wenn die Robben sich im Wasser umherbalgen oder blitzschnell dahinschießen, lassen sie eine feurige Furche hinter sich, die sich mit glühenden Grenzlinien zitternd schließt und allmählich erlischt, bis plötzlich neue Feuerstreifen sie in anderer Richtung durchkreuzen. Als sich die jungen Robben müde getanzt hatten, zogen sie zu den Dünen des Inlands, wälzten sich behaglich im frischgrünen Seegras und erzählten sich Geschichten, was sie alles draußen auf dem Meer erlebt und getan hatten.

Die einjährigen Jungen glaubten natürlich, dass sie das Meer in- und auswendig kannten, und als sie gar zu weise Mienen machten, sprangen die vierjährigen Holluschickie ärgerlich unter sie und trieben sie auseinander, indem sie höhnend bellten: »Aus dem Wege, ihr milchzahnigen Austernfresser! Das Meer ist tief genug, um euch alle darin zu ersäufen. Wartet nur, bis ihr erst um das Kap Hoorn herumgekommen seid! Dann könnt ihr reden, ihr Gelbnasen! He, du da, Jährling, wo hast du denn deinen weißen Rock gestohlen?«

»Ich habe ihn nicht gestohlen, er ist mir gewachsen«, antwortete Kotick höchst würdevoll und schickte sich an, über den naseweisen Frager herzufallen. Da sah er plötzlich ein paar schwarzhaarige Gestalten mit flachen, rötlichen Gesichtern hinter einem kleinen Sandhügel auftauchen. Kotick, der noch nie einen Menschen gesehen hatte, begann zu bellen und mit gesenktem Kopfe laut vor sich hin zu blasen. Die Neuankömmlinge waren niemand anders als Kerick Booterin, der Vormann der Robbenfänger auf der Insel, und Patalamon, sein Sohn. Sie kamen von der kleinen Niederlassung, die kaum eine halbe Meile entfernt war, um zu entscheiden, welche Robben zum Schlachtplatz getrieben werden sollten – denn man treibt die Robben ganz wie Schafe zur Schlächterei.

»Sieh doch nur«, rief Patalamon, »da ist ja eine weiße Robbe!«

Kerick Booterin wurde aschgrau, begann ein kurzes Gebet zu murmeln und sagte dann: »Rühr ihn nicht an, Patalamon. Es hat noch nie eine weiße Robbe gegeben.«

»Ich komme ihm nicht nahe«, meinte Patalamon. »So einer bringt Unglück.«

»Ruhig! Sieh dich nicht um!«, flüsterte Kerick. »Vorwärts! Treibe dort die Herde der Vierjährigen ab! Mach rasch!«

Patalamon klapperte mit zwei blanken Robbenknochen, und die Holluschickie hielten plötzlich mäuschenstill und rührten sich nicht vom Fleck. Dann trat er nahe an eine Herde, die etwas abgesondert lag; er klapperte und lockte, und eine Robbe nach der anderen begann, sich schwerfällig zu bewegen und schnaufend den Marsch landeinwärts anzutreten. Kotick war der Einzige, der sich über den Vorfall Gedanken machte.

»Ich muss es herausfinden!«, sagte Kotick und folgte der abgetriebenen Herde so schnell, dass ihm fast der Atem verging.

»Die weiße Robbe kommt uns nachgelaufen!«, schrie Patalamon. »Alle guten Geister! Das ist das erste Mal, dass eine Robbe freiwillig zum Schlachtplatz folgt!«

»Still! Ruhig! Sieh dich beileibe nicht um!«, warnte Kerick.

Die Entfernung zu den Schlachtplätzen war nur gering; aber dennoch brauchten die Robben eine volle Stunde. Langsam gingen sie vorwärts, Schritt für Schritt, und machten dann an dem Salzhaus halt.

Kotick glaubte, am Ende der Welt zu sein, aber das Brüllen und Lärmen auf den Brutplätzen drang wie ein dumpfes Brausen herüber.

Nach zehn Minuten konnte der weiße Seehund seine Spielkameraden nicht mehr erkennen. Die Felle wurden ihnen vom Kopf bis zur Schwanzspitze abgezogen und auf einen Haufen geworfen.

Kotick hatte genug gesehen. Er wandte sich und galoppierte (Robben können eine kurze Strecke sehr rasch galoppieren) der See zu, die eben gewachsenen Schnurrbarthaare vor Entsetzen gesträubt.

Er hielt nicht eher inne, als bis er sich von dem nächsten Felsvorsprung kopfüber in das Meer stürzen konnte. Dort lag er im kühlen Schaum und ächzte jämmerlich.

»Was willst du denn hier?«, fragte barsch ein Seelöwe, denn der Felsen gehörte seinem Stamm, und die Seelöwen hielten sich gewöhnlich von den Robben in vornehmer Entfernung.

»U-a-a-a-h!«, heulte Kotick. »Sie schlagen alle Holluschickie tot – alle – alle –!«

Der Seelöwe lauschte einen Augenblick.

»Unsinn!«, sagte er. »Deine Kameraden machen so viel Lärm wie immer. Du hast wohl den alten Kerick gesehen, wie er eine Herde forttrieb? Das hat er schon seit dreißig Jahren getan!«

»Ach, furchtbar! Schrecklich!« Eine mächtige Welle brach plötzlich über Kotick und hätte ihn fast fortgerissen, denn er war nicht auf der Hut. Im nächsten Augenblick aber stemmte er sich dagegen, gab ein paar Schläge mit den Füßen und hielt dicht vor dem Felsen.

»Bravo! Das war gut gemacht für einen einjährigen Burschen!«, sagte der Seelöwe, der eine besondere Freude an guter Schwimmkunst hatte. »Ich kann verstehen, dass ein so tüchtiger kleiner Kerl wie du seine eigenen Gedanken hat. Solange ihr Robben hier jahraus, jahrein zu Hunderttausenden herkommt, müsst ihr euch nicht wundern, wenn die Menschen euch nachspüren und euch abschlachten. Und da gibt es keine Hilfe, bevor ihr euch nicht eine Insel sucht, wo die Menschen nicht hinkommen!«

»Gibt es so eine Insel?«, fragte Kotick.

»Ich bin zwanzig Jahre lang im Meer umhergeschwommen, kann aber nicht behaupten, dass ich so einen Ort je gesehen habe. Aber da du ein gescheiter kleiner Knirps bist und offenbar gerne mit Leuten sprichst, die hoch über dir stehen, so will ich dir einen guten Rat geben: Geh zum alten Hexenmeister auf der Walrossinsel. Er kann dir vielleicht Auskunft geben.«

Kotick vergaß seine Müdigkeit und schwamm gerade auf die Walrossinsel zu. Bald sah er den Hexenmeister – ein hässliches, großes, aufgedunsenes Walross mit lang herausragenden Zähnen – auf einer niedrigen Klippe liegen.

»Wach auf!«, bellte Kotick, denn der Hexenmeister schlief und schnarchte laut. »Wach auf!«, rief Kotick abermals und versuchte, das Geschrei der Möwen zu übertönen. Umsonst. Der Hexenmeister schnarchte weiter. Da ritzte Kotick ihm mit dem scharfen Zahn die Hinterflosse, die ein wenig ins Wasser hinabhing.

»Ha! Was ist das? Was soll das heißen?«, rief der Hexenmeister, und er stieß das nächste Walross an, und dieses gab den Stoß weiter, sodass die ganze Reihe der tollpatschigen Geschöpfe grunzend erwachte und mit verwunderten Augen umhersah.

»He! Ich bin's! Hierher geschaut!«, bellte Kotick, indem er sich aufrichtete und sich so groß wie möglich machte.

»Na, da hört aber doch alles auf!«, grunzte der Hexenmeister. Und alle starrten auf Kotick. Dieser ließ sich nicht irremachen und rief: »Gibt es irgendeinen Platz in der Welt, wo die Menschen nicht hinkommen und wo Robben ungestört wohnen können?«

»Such ihn dir selber!«, heulte der alte, böse Bulle. »Mach, dass du fortkommst. Wir haben hier anderes zu tun, als uns mit naseweisen Eindringlingen abzugeben!« Und damit machte er die Augen zu.

Kotick machte seinen Delfinsprung in die Luft und rief, so laut er nur eben konnte: »He, du großmäuliger Muschelfresser!« Er wusste, dass der Hexenmeister niemals in seinem Leben einen Fisch fing, sondern den Muscheln und Schalentieren im Seegras nachstellte. Natürlich nahmen alle die Seemöwen und die Tauchvögel und alle Wandervögel den Schrei auf. – »Alter Muschelfresser!«, heulte und piepste, schnatterte und schrie es von allen Seiten, sodass man mit bestem Willen sein eigenes Wort nicht hören konnte.

»Nun?«, rief Kotick nach einer Weile, als der Lärm sich ein wenig gelegt hatte. »Ist es dir vielleicht jetzt gefällig, mir eine Antwort zu geben?«

»Geh und frage die Seekühe!«, grollte der Hexenmeister. »Weichnase, ihr Leitstier, ist klug. – Falls er noch lebt, wird er dir Auskunft geben können!«

»Und was sind denn das für Leute, die Seekühe?«, fragte Kotick.

»Oh! Du kannst sie leicht erkennen«, schnatterten die Tauchvögel lachend, und die Möwen kreischten: »Sie sind die einzigen Wesen im Meer, die noch hässlicher und unmanierlicher sind als der alte Hexenmeister!«

Kotick aber schwamm schnell zurück zur heimatlichen Bucht von Novastoschna. Vergebens versuchte er, für seinen Kummer Teilnahme zu finden. Seine Genossen hörten ihn ein paar Minuten lang an, dann aber begannen sie zu gähnen oder gar, ihn auszulachen. Sogar beim eigenen Vater fand er taube Ohren. Seine Mutter, die gutherzige Matka, suchte ihn zu trösten. »Du wirst es nie fertigbringen, dass das Töten aufhört!« Und Kotick schlich mit schwerem Herzen fort und tanzte traurig den Feuertanz mit den anderen.

Früh im Herbst verließ er die Bucht und schwamm ganz allein davon, nur mit einem Gedanken in seinem Kugelkopf. Er wollte die Seekühe finden, falls es solche Wesen überhaupt gab, und eine Insel entdecken, deren Ufer so steil waren, dass Menschen nicht hinkommen konnten.

So durchstreifte er unermüdlich die Ozeane von einem Ende zum anderen und schwamm oft dreihundert Meilen in einem Tag und einer Nacht. Dabei erlebte er mehr Abenteuer, als sich erzählen lässt. Aber soviel er auch suchte und umherschwamm und fragte – er traf keine Spur von der Seekuh oder von seiner einsamen Trauminsel.

Entdeckte er eine Bucht, die sich für Robben eignete und einen schönen Spielplatz für die Jungen bot, so sah er sicherlich in der Entfernung den Rauch eines Walfischfängers und der Wind fegte den Geruch des Trans herüber, der aus dem Speck gesotten wurde. Oder er konnte deutliche Spuren wahrnehmen, dass die Robben einst die Insel besucht hatten und dass sie alle, alle abgeschlachtet waren. Wo die Menschen einmal gewesen waren – dorthin würden sie ihren Weg auch wieder finden, das wusste er. Und so war es auch mit allen anderen Inseln, die er besuchte.

Das brach ihm fast das Herz, und er schwamm um das Kap Hoorn herum zu seinen heimatlichen Küsten. Auf dem Weg nach Norden gelangte er an eine mit grünem Wald bewachsene Insel, und am Strand fand er einen uralten, sterbenden Seehund, dem er Fische fing und alles erzählte. »Und jetzt kehre ich nach Novastoschna zurück«, endete Kotick. »Und wenn sie mich dann zum Schlachtplatz treiben, so soll es mir ganz gleichgültig sein!«

»Versuche es noch einmal«, sagte der alte Seehund. »Ich bin der letzte der Seehunde von Masaguera; und damals, als die Menschen kamen und uns zu Hunderttausenden erschlugen, da ging eine Sage an den Küsten, dass einst im Norden ein weißer Seehund erstehen und unser Volk nach einem Ort führen werde, wo es in Frieden leben könne. Ich bin alt und werde diesen Tag nicht mehr erleben; aber andere werden es. Versuche es noch einmal.«

»Ich werde es versuchen!«, bellte Kotick und sein kleiner Schnurrbart sträubte sich stolz in die Höhe. »Ich bin die einzige weiße Robbe, die es jemals gegeben hat!«

Als er in diesem Sommer nach Novastoschna zurückkehrte, bat ihn Matka, seine Mutter, zu heiraten und eine Familie zu gründen, denn er wäre nun kein Holluschickie mehr, sondern ein erwachsener Robbenmann, mit einer lockigen, weißen Mähne auf den Schultern und so stark und wild wie sein Vater.

»Lass mir noch ein Jahr Zeit«, tröstete Kotick die Mutter, »dann bin ich gerade sieben – und immer die siebente Welle ist's, die am weitesten den Strand hinaufrollt.«

Sonderbar genug gab es in der Bucht noch eine andere Robbe – eine liebliche Jungfrau mit schlankem Körper und glänzenden Augen –, die gerade wie Kotick ihre Heirat noch ein Jahr lang verschieben wollte. Und Kotick tanzte mit ihr den Feuertanz die ganze Lukannonküste hin in der Nacht, bevor er sich zu seiner neuen Entdeckungsreise aufmachte.

Diesmal wandte er sich westwärts, denn er folgte einem großen Schwarm Heilbutte, da er täglich etwa hundert Pfund Fleisch brauchte, um bei Kräften zu bleiben. Dann rollte er sich zusammen und schlief, sanft gewiegt von der weich rollenden Dünung auf der Höhe der Copper-Inseln.

Um Mitternacht etwa geriet er auf Grund, unbemerkt hatten ihn Wind und Wogen auf eine dicht von Seetang überwachsene Sandbank getrieben. Starke Strömung heute, dachte Kotick und drehte sich im Halbschlaf um, dann öffnete er langsam die Augen.

»Bei der großen Brandung von Magellan!«, rief er erstaunt, plötzlich vom Tangbett hochschnellend. »Was in aller Tiefsee sind denn das für Völker?«

Weder Walrosse noch Seelöwen, Walfische oder Haie waren sie, die sich hier stumm im Tang bewegten und ästen – gewaltige Tiere, zwanzig bis dreißig Fuß lang, mit schaufelartigem Schwanz. Klumpige Schädel saßen ihnen zwischen den Schultern, und seltsam wippten sie, auf den Schwänzen stehend, im Wasser, ästen und verneigten sich sonderbar feierlich voreinander, wobei sie ihre zwei vorderen Schwimmschaufeln wie Arme schwenkten.

»Ahem!«, machte Kotick, um sich bemerkbar zu machen. »Viel Vergnügen, meine Herren! Schmeckt die Mahlzeit?«

Als Antwort verneigten sich die dicken Tiere und wedelten mit den Vorderflossen. Als sie sich wieder ans Äsen machten, bemerkte Kotick, dass ihre Oberlippe gespalten war. Mit den beiden Teilen, die sie weit auseinanderbringen konnten, umfassten sie ein ganzes Büschel Seegras, stopften es in den Mund und verneigten sich dann feierlich.

»Na, das ist ja eine komische Art zu fressen«, sagte Kotick. Die Tiere verneigten sich wiederum, aber Kotick verlor nun langsam die Geduld. »Das ist ja sehr schön«, sagte er, »dass ihr etwas ganz Besonderes habt mit eurer Lippenzunge, aber deshalb braucht ihr euch doch nicht so dicke zu tun. Ihr wisst euch sehr nett zu verbeugen, wie ich sehe, aber ich möchte lieber euren Namen wissen.« Die gespaltenen Lippen zuckten und die glasigen, grünen Augen starrten, aber sie sagten kein Wort.

»Wenn ihr nicht antworten wollt, lasst es bleiben!«, sagte Kotick. »Ihr seid die einzigen Geschöpfe, die hässlicher sind als der alte Hexenmeister – hässlicher und mit gröberen Manieren!«

Und da erinnerte er sich plötzlich, was die Seemöwen und die Tauchvögel ihm einst bei der Walrossinsel zugerufen hatten, als er noch ein Jährling war. Er sprang vor Freude hoch auf und platschte im Wasser, dass der Schaum zischend umherflog, denn jetzt wusste er, dass er endlich, endlich das Volk der Seekühe gefunden hatte.

Er fragte sie in allen möglichen Sprachen, die er auf seinen weiten Reisen gelernt hatte, denn die Bewohner des Meeres sprechen fast ebenso viele verschiedene Sprachen wie die Menschen auf dem Lande. Aber ob er auch heulte und schrie und sich beinahe heiser redete, die Seekühe hörten ihm schweigend zu, ohne ein Wort zu erwidern. Sie sind nämlich stumm und anstelle der Sprache haben sie Zeichen, die sie mit ihren Vorderfüßen machen, um sich zu verständigen, ungefähr so wie taubstumme Menschen.

Aber Kotick wusste das natürlich nicht. Er hielt die Seekühe für sehr ungebildete Leute, und als die Sonne aufging, war es mit seiner Geduld ganz und gar zu Ende. Da plötzlich sah er, wie die plumpen Gestalten begannen, sich langsam vorwärtszubewegen.

Kotick beschloss, ihnen zu folgen, denn, sagte er sich:

»Diese Geschöpfe sind so dumm, dass sie längst von den Menschen ausgetilgt worden wären, wenn sie nicht irgendeine sichere Schutzinsel besäßen; und wo

Seekühe leben können, da wird es auch für uns Robben gut sein. Aber wenn sie sich nur ein wenig beeilten!«

Es war eine recht langweilige Reise für Kotick. Die Seekühe schwammen niemals mehr als etwa zehn Meilen an einem Tag und hielten sich immer nahe an der Küste, um während der Nacht grasen zu können. Da – eines Nachts – Kotick wollte seinen Augen kaum trauen, fingen die dicken Seekühe an, schneller, immer schneller durch das Wasser zu gleiten. Die Strömung trug sie an einen jäh aus dem Meer aufragenden Felsen und hier machte die ganze Herde halt. Ein paar Minuten lang hielten sie wieder mit vielen Verbeugungen ihre wunderliche Versammlung ab, dann plötzlich schossen sie senkrecht ins Meer hinab und verschwanden in den schäumenden Wellen.

Kotick war ganz außer sich vor Erstaunen, als er plötzlich nur noch den glatten Wasserspiegel vor sich sah. Schnell holte er tief Atem und stürzte sich kopfüber in die Flut, tief, tief hinab. Die Seekühe glitten in ein schwarzes Loch, das sich tief unten im Wasser befand – er folgte ihnen, schwamm und schwamm, ohne vor sich etwas anderes zu sehen als stockfinstere Nacht. Kotick meinte, der Tunnel sei ohne Ende, und fast wäre er erstickt, ehe ihm auf der anderen Seite Lichtstrahlen entgegenleuchteten.

»Hunderttausend schwarze Krabben!«, sagte er, als er endlich pustend und schnaufend aus dem Wasser tauchte. »Das war ein gewagtes Unternehmen, aber die Mühe hat sich gelohnt.«

Die Seekühe hatten sich verteilt und nagten in ihrer trägen Weise an den Pflanzen, die an einer lang gestreckten Bucht wuchsen. Koticks Augen funkelten vor Freude: Das war die allerherrlichste Küste, die es geben konnte.

Da zogen sich meilenweit niedrige Felsbänke hin, die sich nach dem Lande zu in prächtigen Dünen verliefen – und da waren ganz entzückende Spielplätze, und die Wellen wirbelten gerade so viel Schaum auf, um einen lustigen Tanz in ihnen zu ermöglichen, kurz, Kotick sah auf den ersten Blick, dass der Ort wie geschaffen war für eine Heimstätte der Robben. Er fühlte sich plötzlich fünf Jahre jünger, er kletterte auf die Klippen, tanzte auf dem Sand und sprang wieder ins Meer, um zu sehen, wie es mit dem Fischfang stünde. Die Jagd war ganz vortrefflich, und Kotick machte sich daran, die kleinen Inseln zu zählen, die in der Nähe aus dem grauen Nebel hervorlugten. Weit in die See hinaus ragten in nördlicher

Richtung scharfe Riffe, die niemals einem Schiff gestattet hätten, sich zu nähern; und von der andern Seite war die Bucht hinter hohen, unübersteigbaren Klippen verborgen, sodass der Zutritt nur durch den Tunnel tief unter dem Wasserspiegel möglich war.

»Das ist ja hunderttausendmal besser als alle Novastoschnas auf der ganzen Erde zusammengenommen«, rief Kotick. »Die Seekühe müssen ein ganz Teil klüger sein, als sie aussehen. Ich fühle es der Luft und dem Wasser an, hier gibt es keine Menschen – aber selbst wenn sie kommen wollten, ihre Schiffe würden an den Klippen zerschellen und niemand von ihnen kann über die Felsen klettern. Wenn es überhaupt einen sicheren Platz in der Welt gibt, so ist es dieser.«

Und er begann, an das Robbenfräulein zu denken, das so weit von ihm weg war; aber wenn er es auch sehr eilig hatte, nach Novastoschna zurückzukehren, erforschte er doch erst gründlich das neue Land, um über alles genau Auskunft geben zu können.

Dann tauchte er, durchschwamm den Tunnel und wandte sich in schnellem Tempo nach Süden. Er brauchte sechs volle Tage zur Heimreise, obgleich er nicht langsam reiste. Als er dann gerade beim Seelöwenkog an Land ging, begegnete ihm als erste die Robbe, die auf ihn wartete; und sie sah es gleich seinen Augen an, dass er die gesuchte Insel gefunden hatte.

Aber die Holluschickie und Scharfzahn, sein Vater, und die anderen Robben lachten ihn aus, als er von seiner Entdeckung erzählte. Und ein junger Seehund, etwa in gleichem Alter mit ihm, sagte: »Das ist alles sehr schön, Kotick; aber du kannst doch nicht von wer weiß woher kommen und uns plötzlich befehlen, dass wir folgen sollen. Bedenke, dass wir uns hier unsere Heimplätze erkämpft haben. Das hast du nie getan, sondern hast vorgezogen, dich im Meer herumzutreiben.«

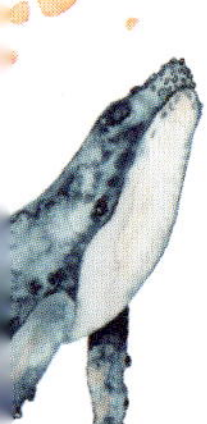

»Willst du mit mir kommen, wenn ich dich im Kampf besiege?«, fragte Kotick und in seine Augen kam ein kaltes, graues Licht.

»Gut, abgemacht«, sagte der junge Seehund leichthin. »Wenn du mich besiegst, komme ich mit.«

Er hatte keine Zeit, sich eines Besseren zu besinnen, denn im nächsten Augenblick saß ihm Koticks Zahn im Nacken. Der Angriff war so plötzlich und gewaltig, dass der vorlaute Bursche den Strand hinabrollte, während Kotick ihn mit den Zähnen bearbeitete, als sei er nichts als ein kleiner, zappelnder Fisch und keine große, ausgewachsene Robbe. Als er endlich im Wasser anlangte und den weißen Schaum mit seinem Blut färbte, ließ Kotick von ihm ab und wandte sich den anderen zu. »Fünf Jahre lang habe ich mich für euch abgequält!«, rief er. »Und endlich habe ich die Insel gefunden, wo ihr glücklich und ungestört leben könnt. Aber ihr verhöhnt mich und wollt mir nicht glauben. Gut denn! So muss man euch das Nötige beibringen. Aufgepasst! Wahrt eure Haut.«

Kotick warf sich auf die größte Robbe, die er finden konnte, packte sie an der Kehle, würgte und zerrte sie auf dem Boden umher, bis sie laut heulend um Schonung flehte. Dann ließ er sie blutend liegen und stürzte sich auf den nächsten Gegner. Koticks Körper war in vortrefflichem Zustand; seine weiten Reisen hatten seine Muskeln gestärkt und seine Glieder geschmeidig gemacht, während die anderen Robben nach ihrer Sitte monatelang gehungert hatten und entkräftet waren.

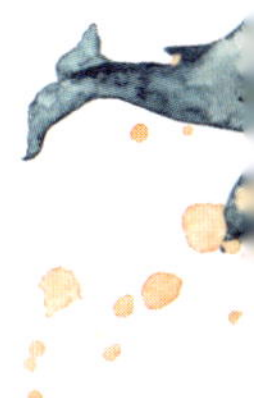

Als nachts das Nordlicht am Himmel aufstieg und durch den Nebel seine zitternden Strahlen sandte, kletterte Kotick auf einen Felsen und sah auf alle die zerstörten Robbenplätze hinab. »Ihr habt's nicht anders gewollt«, sagte er grimmig. Und dann brüllte er so laut, dass all die blutenden Robben erschrocken aufhorchten: »Hört mich, ihr dickbäuchigen Seeigel! Wer von euch will mit mir zur neuen Insel kommen? Antwortet mir, oder ich werde euch den Mund öffnen!«

Da klang es an der ganzen Bucht entlang wie das Murmeln des Meeres, das nach der Ebbe aus dem Schoß der Erde zurückkehrt. »Wir wollen dir folgen«, lispelten Hunderte von heiseren Stimmen. »Führe uns, Kotick, du weiße Robbe.«

Eine Woche später verließ eine ungeheure Schar Robben – beinahe zehntausend – die Bucht. Kotick sprang zuerst an ihrer Spitze in die See und gab damit das Zeichen zum Aufbruch. Sie bedeckten das ganze Meer, so weit man nur sehen konnte.

Viele blieben zurück und nannten die scheidenden Robben Narren. Als aber wieder der Frühling hereinbrach über das Nordland, traf man sich in der Tiefsee zu gemeinsamem Fischfang. Und Koticks wohlgenährte Völker schilderten die Felsengestade am »Seekuhtunnel« so farbig und verlockend, dass immer mehr Robben die Buchten von Novastoschna und Lukannon hinter sich ließen, um abzuwandern nach Koticks gesegnetem Friedensreich – dem Gelobten Lande der Robben.

ROSE AUSLÄNDER

Auf einer Insel

Mit Purpurflügeln
streift der Sommer
mein Herz

Ich liege auf einer Insel
die keinen Namen hat
in einem namenlosen Meer

Fische besuchen mich
und sprechen Gedichte
Ich bemühe mich
sie zu erlernen

Ein Delfin bringt mir
Grüße von Freunden
Sie laden mich ein
allein ich
kann nicht schwimmen

ULRIKE DRAESNER

Kanalschwimmer

Es machte nichts, wenn es regnete, solange kein Sturm aufkam, der Wind nicht drückte. Die Klippen aschgrau, kalkgrau, die Wolken wie Möwen darüber, das Vogelgeschrei. Er hatte Karten lesen gelernt.

Sam und seine Crew würden bestimmen, ob die Henry IV ausfuhr, ihn im Schlepptau. So würde es zumindest aussehen. Tatsächlich wären sie durch nichts miteinander verbunden. Er hatte sich den Bug des Fischerbootes eingeprägt, breit, dunkelrot, verschrammt, die Silhouette, das Steuerhaus, und keinen Fuß an Deck gesetzt. Das fand er angemessen. Im Inneren war jeder Mensch weiche, warme Finsternis.

Es hieß, ab fünfundsechzig wachse man in den Alterspanzer hinein: halb taub, halb blind, steif. Er lächelte. Man glaubte nicht, wenn man die Alten sah, wie sie einmal jung waren, schlanke, sehnige Männer, die mit entspannten Gesichtern von Klippen pfeilten, die Haut kleinschuppig, glatt. Sie schwammen, surften, segelten, traten in Schulen auf, Wassermenschen. Das Meer brachte sie, wie Blumen oder Algen, in einen Bewegungstakt.

Regel 1: The Channel is not your friend.

Er war kein Wassermensch.

In langsamen Schlägen zungten die Wellen auf den Strand. Er wusste, wie weit man hier hinauslaufen musste, bis man schwimmen konnte, er hatte andere aufbrechen sehen, platschend, um sich gegen die Kälte zu wehren. Jetzt, Ende August, war der Kanal maximal warm. Siebzehn Grad.

The Channel: grau, Dreck, des Teufels Schiss.

Seit elf Tagen wartete er auf seinen Start. Alles musste stimmen, die Tide, der Mond, das Wetter, the mind. Er hatte länger als ein Jahr trainiert, im Winter in eisigen Seen. Hatte schon im letzten Sommer hier auf der Bank am Shakespeare

Cliff gewartet, die weißen Kreidefelsen unter sich.

Die französische Küste zum Greifen nah.

Ihn beschlich das absonderliche Gefühl, den Kanal selbst, der doch zu seinen Füßen lag, nicht sehen zu können. Vielleicht spukten ihm zu viele Bilder durch den Kopf: der Ärmel schiefer- und gneisgrau, eine eiskalte Salzbrühe, trügerisch glatt wie gemalt. Vier Mal hatte die Fähre im Februar die Einfahrt in den Hafen von Dover verpasst, so sehr drückten Strömung und Wind das schwere Schiff aus der Fahrrinne, so wenig half es gegenzusteuern.

Den Kanal durchschwimmen, welche Schnapsidee. Aber sie gehörte ihm selbst. Er lächelte: über sich, Silas und Maude. Silas, der Wunderbare, immer Bewegliche, Silas, der Inhaber von Silas & Barnes Incorporate. Silas Incorporate, der Rundköpfige, Stiernackige, Freundliche, der ihm mit dreiundsechzig die Frau ausspannte, und Maude war zweiundsechzigeinhalb.

Teufels Schiss! Die Aufgabe (»Komm drüben an«, »Schwimm!«) sah für alle gleich aus. Doch den Langsamen trug die Strömung um vieles weiter von der Ideallinie ab, er riss einen Bogen, trieb länger in der Brühe, wurde aufgeweicht. Geradeaus kam keiner durch.

Vielleicht war es das.

Dass er diesen Ärmel ehrlich fand. Lebensecht. Wer einen Nachteil hat, bekommt noch einen draufgepackt.

Zehn Regeln hatte die Channel Swimming Association erstellt. Sie folgten Kapitän Webb, dem ersten Kanalschwimmer, 1875. Antwortete man dem Bootsführer nicht oder trat nur auf der Stelle, zog die Crew einen heraus. Damit nicht wieder einer starb. Wie jüngst der Schweizer. Ein kleines Kräuseln hatte man noch gesehen, sozusagen unter einer Welle. Dann war er fort gewesen, nie mehr aufgetaucht.

Die Tide, der Mond, the mind. The Channel is not your friend.

Silas' glatt rasiertes Gesicht. Um Mund und Nase kompakt wie ein chinesischer Faltenhund, das hatte er, Basil, erst vor Kurzem entdeckt. Darüber die veilchenblauen, vertrauten Augen. Sie kannten sich aus dem Schwimmklub, seit sie zehn waren, hatten gemeinsam trainiert. Beste Freunde. Der eine die langen, der andere die kurzen Distanzen. Silas, der nach Zigaretten roch, auch wenn er nicht rauchte, und lässig in weißen Segelschuhen auf Basils Veranda saß. Wann der Freund arbeitete, blieb ein Rätsel. Silas strahlte Muße aus und Maude an.

Er, Basil, hatte nichts gemerkt.

Darüber, wie lange nicht, dachte er ungern nach.

Ertappt hatte er sie nicht. Sie hatten es ihm gesagt, hatten es ihm schleichend klargemacht.

Als er schon alles wusste und sie einmal nackt zusammen sah, auf dem Wohnzimmerteppich, als wären sie jung, zog er den Kopf aus der Tür. Silas' Blick folgte ihm; Maude bemerkte ihn nicht.

Er überraschte sich damit, was er fühlte. Maude. Der Gedanke tat ihm weh. Er arbeitete als Biologe in einem Labor, kam oft nur fürs Wochenende nach Hause. Maude. Etwas in ihm konnte sie auch verstehen. Die unbegreifliche Stelle war Silas. Ein weiches, dunkles Rucken neben dem Herzen.

Maude traf Silas bei der Arbeit, Silas Incorporate. Nichts veränderte sich, seine Frau lebte bei ihm, er bei ihr, und Silas war ebenfalls da. Die beiden taten, als seien sie nun eben zu dritt. Als sei alles wie zuvor.

Rosafarbene Gipsblumen umrahmten den Spiegel seines B&B-Zimmers. Weich und teigig sah er sich selbst daraus entgegen. Die Haut faltig an den Brüsten, den Armen. Das Gesicht hager; David Bowie, uralt. Die Augen nicht unterschiedlich farbig, aber unterschiedlich groß.

Manche sagten, im Kanal müsse man sich selbst besiegen. Das mochte als Vorstellung gefallen. Die Wirklichkeit war schwieriger: Im Meer gab es keinen Gegner.

Jeden Morgen fuhren Sam und seine Crew hinaus. Wie ein Fisch schwämme er neben ihrem Boot. Wenigstens Haie waren nicht zu befürchten: vernünftige Tiere! Ihnen war der Kanal zu kalt.

Sam und er hatten Pläne gewälzt, Strömungsverhältnisse berechnet. Er würde zwölf Stunden brauchen, wenn es perfekt lief. Es konnten auch fünf Stunden mehr werden. Oder sieben. Etc. Er hatte bezahlt, trainiert, sich Fett gegen die Kälte angefressen, das Robbenprinzip.

Regel 10: Even if everything is perfect, there is no guarantee.
Es war wie Münzenwerfen. Nur radikaler. Die Münze war man selbst. Man flog, man stieg, man sank.

Menschliche Zellreparaturprogramme schalteten sich nach siebzig Jahren ab. Noch saß ein Rest Spannkraft in ihm. Es stimmte nicht, dass Ohren und Nase im Alter weiterwuchsen, sie schrumpften nur nicht. Den Kopf konnte er wie früher drehen und er dehydrierte nicht mehr so schnell.

Das Gras vor der Tür knirschte, ein verwittertes, grünblau-gelbes Schild, das Shakespeares Kopf zeigte, schaukelte im Wind. Er setzte sich auf eine der Holzbänke draußen und wartete. Letzte Lagebesprechung mit Sam. Die Luft roch nach Seewasser, eilig flog der Himmel dahin.

Es war sein Großvater, der ihn zum ersten Mal ans Meer gebracht hatte, der es ihm sagte: water, der sagte: sea, und er, das Kind, dachte: see! Das Meer sieht.

Ein Schlag, das Blau. Er konnte noch nicht einmal sicher laufen und schwamm doch, ganz von selbst. »Vom Mutterleib in die Badewanne gefallen«, »da hielten die vorher Fische drin«. Seine Mutter habe kurz vor seiner Geburt einen Stör gegessen, erzählte er später den Journalisten, aber schon da war er sich nicht mehr sicher, ob er nicht alles erfunden hatte: das Fischwasser, die Badewanne und die blauen Schmetterlinge am Wassersaum. Das erste Mal, als er schwamm, schwamm er auf seinen Großvater zu, dort, wo das Land nicht aufhörte und das Meer nicht begann, wo das Meer nicht aufhörte und das Land nicht anfing. See, sagte sein Großvater und meinte die Schmetterlinge am Strand, look!, und er, Basil, meinte das Wasser – wie es sehen kann und kühl ist: looks cool.

Die Sonne stand eine Handbreit über dem Ärmel, der in tausend kleinen Wellen silbern glitzerte. Ganz bei sich schien das Wasser in der Windstille. Schäfchen auf und über den Klippen.

Und er, Basil, rannte den Strand auf und ab. Containerschiffe, Riesenkreuzfahrer, Frachter und Fähren zogen über den nahen Horizont. Nur die South-West-Rinne war tief genug für sie. Er würde sie queren.

Hose, Badekappe, Schwimmbrille. Beine und Schultern frei. Keinerlei Hilfsmittel.

Von einem napoleonischen Soldaten hieß es, er sei, nachdem er bei einem Seegefecht mit den Briten von Bord gestürzt war, über den Ärmel nach Calais zurückgeschwommen. Die Regeln wurden erst später aufgestellt: als man begann, nach neuen Rekorden zu suchen. Die weißen Flecken der Erde waren erobert und man brauchte etwas anderes, das man unsinnigerweise, aber nachweisbar erobern konnte.

Es war ihm eingefallen. Es ließ ihn nicht mehr los.

»You've caught the virus!«, sagte man am Strand.

Doch es saß tiefer.

Er fühlte sich manchmal nicht echt. Vielleicht, weil er nicht wusste, was er mit Silas tun sollte, mit Maude. Weil er nichts tat, die ganze Zeit über: nichts. Nur diese Idee. Sie hatten ihn bestärkt, obwohl es lächerlich war. Aber sie nahmen Rücksicht auf ihn. Unterstützten ihn in seiner Leidenschaft, seinem Spleen.

Es war ausweglos.

Vielleicht verhielt es sich aber auch andersherum: Er war nicht echt, empfand nicht mehr echt und wusste deswegen nicht, was tun.

Sam machte Druck, las ihm die Liste aller Gefahren noch einmal vor, länger und schlimmer als für eine Herz-OP. Kein Seewasser schlucken, nicht an die Länge der Strecke denken, Hand um Hand nach vorn. Never give in to drowning, Regel 9.

Er sagte »Ja«, schaute seewärts, gegen den Wind. Den Kanal sah er noch immer nicht richtig, aber seinen Saum. Er würde das Wühlen der Schiffsmotoren spüren. Er war so ein Idiot.

Der Idiot lächelte Sam an und unterschrieb.

Der Fischer, mindestens zehn Jahre jünger als er, erwiderte den Blick, als wäre er, Basil, nicht da. Sie würden ihn mithilfe einer Stange füttern oder ihm an Schnüren befestigte Flaschen zuwerfen. Alle an Bord wollten, dass er ankam. Scheinbar deckten sich ihre Interessen. Vor allem aber wollten die Fischer, dass er überlebte. Bei der geringsten Gefahr würden sie ihn aus dem Wasser ziehen. Ob er einverstanden war oder nicht. Es war ihnen nicht zu trauen. Er war allein.

Sam rieb ihn mit Original-Kapitän-Webb-Schmierseife ein. Er trug dafür einen rosa Putzhandschuh. Er, Basil, wusste nicht, wie er sich fühlen sollte. Weiße Batzen klebten an seinem Hals, am Gesicht, an den Schultern.

»Oh«, sagte Sam, als er sich den Handschuh von den Fingern zog, »you may become an honourable fish!«

Nur gut, dass keiner, der ihm nahestand, ihn hier sah. Die Channel Swimming Association wartete auch für diese Situation mit einer klaren Anweisung auf: Die Liebsten nicht mitnehmen. Man könne in Zustände geraten, in denen sie einen besser nicht erlebten.

Darüber hatte er gestaunt. Ein kluger Satz. Die Liebe hielt nicht alles aus.

Idiot.

Das Boot tutete. Zehn Uhr. Sein Horizont wackelte, das Wasser fraß ein Stück davon, umspielte ihn. Er lief auf die Kälte zu.

Die Leiter der Henry IV ragte schwer in die feuchte Luft. Das Schiff fuhr neben ihm, er sah die Metallstangen, wenn er sich auf den Rücken drehte, um aus einem herübergeworfenen Becher zu trinken. Elektrolyte, siebzig Dollar die Dose. Die Wassertäler hinab floss graues Glas, grüne Flächen sammelten sich in den Mulden, als wären es Wiesen, rollende Wiesen, die sich fortschoben oder ertranken in Schaum. Am Himmel hingen graue und weiße Wolken, Tangklumpen kreuzten seinen Weg, ein Ast, mit dänischer Milchtüte und Algen geschmückt.

Er spürte seine Zehen nicht mehr. Im Herbst, bei der Kältegewöhnung, war er wie eine Schnecke ins Wasser gekrochen. Mit dem Gefühl: Es bringt mich um. Nach dem Training hatte er sich manchmal zum Auftauen auf eine Bank gesetzt und die bereiften Bäume betrachtet. Wie schöne Stücke Feldspat ragten sie in den Himmel. Dazu die Felder, die der Schnee der letzten Nacht glatt und weiß bedeckte. Schwarze Spuren darin. Krähen rissen die Schnäbel auf.

»Four hours«, rief Sam.

Nach zwei Stunden war er langsamer geworden, jetzt lag die Schlagfrequenz wieder so hoch wie am Anfang.

Teufels Schiss. Feuer verletzte, die Erde trug, Wasser tat nichts dergleichen, es war nicht freundlich, nicht feindlich, war einfach da. Wie Silas und Maude. Sie hatten ihm die Freundschaft nicht aufgekündigt. Aber er ihnen – und sie merkten es nicht. Es machte ihn wahnsinnig, dass er sie nicht greifen konnte. Dass er verloren hatte, ohne zu verlieren.

Never give in to drowning. Denk nicht daran, was unter dir ist. Er dachte daran. Die Wasserweite glitzerte – war still – glitzerte auf.

Er schwamm in Silber, gekräuselt und klein.

Luft- und Wasserstrudel um ihn, er atmete, tauchte ein, sah seine alte Badehose, schwarz mit gelbem Seitenstreifen. Sie hing am Haken und tropfte. Nach der Jugend-EM, seiner einzigen, hatte er mit dem Schwimmen aufgehört. Sein Großvater war tot, seine Eltern hatten nie an seine Sportkarriere geglaubt. In der vorletzten Bahn hatte Michael Hammerschmidt angegriffen. Das Wasser verriet ihm, dass sein schärfster Konkurrent von hinten heranschwamm. Es strudelte, gluckerte, er spürte seinen Gegner im Wellenschlag, legte sich mächtig ins Zeug. Was dann passierte, fühlte sich bis heute grässlich an: Michael zog nicht an ihm vorbei, sondern schwamm durch ihn hindurch.

Wochenlang träumte er davon. Er wurde verändert, geknackt. Eine Zehntelsekunde trennte sie am Ende voneinander. Lächerlich.

Silas hatte damals am Becken gestanden und alles gesehen.

Sam rief: »Fine! Just swim.«

Er, Basil, presste die Lippen zusammen. Er, Basil, hatte den Ruf erst beim zweiten oder dritten Mal gehört. Sagte Sam.

Kaum drehte er sich auf den Rücken, waren die Schmetterlinge da, ein großes, stäubendes, strahlendes Blau um seinen Kopf, vor seinem Kopf, es leuchtete unten, oben, und Teile davon bewegten sich von ihm weg, andere auf ihn zu, ein Schwarm Blumen, fliegendes Kornblumenblau.

Und vorbei. Er sagte »yes« zu Sam, der »feed time« sagte und ihm einen Becher gab, Pfirsichgeschmack. »Rhythm reduces effort«, rief Sam.
»Ich weiß«, brüllte er zurück, bevor er sich auf den Bauch rollte. Er wollte nie mehr durchschwommen sein.

Von einer Minute zur anderen verschwand das Boot. Er sah ein Stück des Steuerhauses, es fuhr in Watte, war fort. Der Nebel schluckte alle Geräusche, nur die Wellen neben sich hörte er, sie nahmen an Höhe und Dicke zu, als gefalle ihnen die eigene Unsichtbarkeit. Er konnte nur hoffen, dass er in etwa die Richtung hielt. Mehrfach beunruhigte ihn, dass das Wasser so vor ihm wegsprang, die grauen Wellen sich vor ihm schüttelten und der Nebel selbst diese Formen bald verschlang, bald die gewaltigen neuen Wasserberge halb enthüllte; es drängte ihn voran.

Allmählich beruhigte er sich: Auch wenn er lange brauchte, um einen Abhang zu durchtauchen, er musste sich nur leicht machen, treiben lassen. Dann nahm ihn eine Welle mit und er konnte atmen. Einen bestimmten Punkt erreichte er nicht, wie hätte er ihn fixieren können in diesem geschmolzenen Schiefertablett. Das Wasser war hart wie Stein, was ihn freute. Nicht einmal die Strömung spürte er, die ihn doch, wie er wusste, fest mit sich riss.

His try.

Als er das dachte, war das Boot wieder da, vielleicht fünfzig Meter entfernt. Sam entdeckte ihn im gleichen Moment.

Sie tuteten, Lichtsignale hätten sie auch dabeigehabt.

An ihm war nichts außer der Hose, der Schwimmbrille und seinem Fleisch.

Kein Gegner, doch Möglichkeiten zuhauf, nicht anzukommen: Einen Krampf kriegen. Zu viel Salzwasser schlucken (wahrscheinlich). In eine Schiffsschraube geraten (unwahrscheinlich). Erstarren. Einschlafen. Untergehen.

Er dachte, dass die Menschen, nachdem alle weißen Flecken von der Weltkarte getilgt waren, damit angefangen hatten, Besteigungs- und Durchquerungsrekorden hinterherzujagen, um verlieren zu lernen.

Das Boot wartete auf ihn.

Sam klemmte ihm ein Paar Leuchtstäbe an die Badehose.

Er tauchte mit dem Oberkörper unter, hob den Hintern heraus, zappelte für Sekunden an Sams Hand.

Die Stäbe waren grün. Er hatte Maude und Silas verloren. Jetzt leuchtete er.

Ein Schlauchboot schipperte vorbei, ungewöhnlich hier draußen. Alle Insassen schliefen, nur ein Kind, etwa acht Jahre alt, ein Mädchen, war wach. Es hielt die Kamera auf ihn.

Da fühlte er seine Angst. Es war keine Verlustangst, keine Angst um Maude oder sich selbst. Er hatte Angst, dass etwas passierte, das ihn nichts anging. Die Angst zog von unten, wo es nun manchmal schien, als leuchteten Lichter aus der Tiefe zu ihm herauf.

Das war die Müdigkeit.

Am Ende sorgte ausgerechnet sie dafür, dass die Angst wieder verschwand. Er wusste nicht, wie viel später das war.

Einen halben Fuß über dem Wasser kroch die Dämmerung von allen Seiten auf ihn zu. So also ging das? Der Kanal, sauber hier, grau, grün, erdfarben, glänzte wie chinesischer Stein. Gegen den Horizont tuckerte eine Fähre, der Horizont sog sie auf.

Damals nach der Schwimm-EM hatte er eine Schule Quallen in Mutters Kühlschrank gestellt, um zu sehen, was mit ihnen passierte. Er bewunderte und hasste die Anstrengungslosigkeit, mit der diese Geschöpfe durch die Meere schwebten. Sie bestanden zu achtundneunzig Prozent aus Wasser. Die übrigen zwei Prozent: Zellwände, Mitochondrien, Kleinstgehirne – ein paar krumme, wie von Würmern ausgefressene Wege. Nach wenigen Tagen waren sie erstarrt, fast gefroren. Als er sie herausnahm, fielen sie in sich zusammen und lösten sich zu Wasser auf. Mörderischer seeischer Gestank.

Salz verklebte sein Gesicht, die Krusten schmerzten auf den Lippen. Er musste alles Trockene in sich zusammennehmen, um noch in eine Richtung zu schwimmen.

Repetition, stroke. Seine Hochzeit, 1974, in einem roten Londoner Doppeldeckerbus. Er sah Maude, sah Silas, his best man, als er die Braut küsste.

Dass er aus Friedfertigkeit hier schwamm?

Das glaubte er nicht mehr.

Totlachen.
Totlachen.
Totlachen, sagte die See.

Plötzlich war alles still, die Bewegung der Wellen gelöscht. Wie in einer Lagune. Möwen erschienen. Also kam er der Küste doch näher. Er hatte von still seas gehört und nicht daran geglaubt. Seine glich einer Lichtung in einem Wald. Grau hingen ein paar Wolken unter dem dunkelnden Himmel. Seine Beine arbeiteten noch. Zwei Zehen konnte er wieder fühlen.

Sam rief: »Basil! Basil, listen! You're okeeeeeeyyy?«

Basil, Basilikum. Blödes grünes Kraut. Exakt so hatte er sich verhalten. Er lächelte, schluckte Salzwasser. Basil, Basilisk. Da lachte er laut, schluckte mehr.

»You're only kicking«, rief Sam.

Die Kälte kroch durch sein Fett wie ein Rissmuster durch Eis. Sie fraß sich durch.

Er war wieder da.

»No!«
»Yes!«
H_2O
H_2O. Zwei Teile Wasserstoff, ein Teil Sauerstoff. Und etwas Drittes. Er nannte es: die anschmiegsame Grausamkeit dieses Elements. Er trank, gab Sam Zeichen:
»A second ...
... Cup!«

Kapitän Webb hatte nach der Überquerung zu Protokoll gegeben, dass er nicht an Muskelkater leide. Konnte aber eine Woche lang nicht laufen, trug eine Woche lang einen nackten rohen Fleischring um den Hals. Wasserfraß. Gertrude Ederle, die erste Frau, die den Kanal durchschwamm, litt für den Rest ihres Lebens an Nervenzusammenbrüchen und einem Gehörschaden vom Dauerklatschen der Wellen.

Regel 11. Die erfand er jetzt. Jetzt. Jetzt. Denke: Es ist warm. Er dachte: Wenn ich rauskomme, klirre ich.

Jetzt: Das Scheinwerferlicht des Bootes verwandelte das Wasser in eine zusammenhängende Masse, von grünlichem Weiß beleckt.

»Thirteen«, rief Sam. »No, not what's to come. What you've already done.«

Der Silberstrom. Ständig veränderte er sich, bespülte ihn. Die Lichter des Hafens von Dover bei der Ausfahrt, Frachtschiffe, Tankerverkehr, Sandbänke, Positionsleuchten. Der Leuchtturm der Franzosen jetzt. So schön.
Das Wasser grau und grün-achat.

Fern von den Scheinwerfern, bei ihm, ganz für ihn, ein Rest Blau.
Es schwappte auf einer Welle, glich zwei Flügeln, eine Lache von Blau. Fast griff er hinein, so stark war der Anschein. Silas' Augenveilchenblau. Er quetschte, griff.

Von unten und oben strömten die Dunkelheiten zusammen, schlossen sich. Jetzt.

Dazwischen seine Augen, sein Ich.

»Freu dich an Sachen, die du nicht verstehst«, hatte Maude gesagt. Es klang wie ein Silassatz. Teppiche von Plastikmüll kreiselten in den Ozeanen. Die beiden hatten ihm einen Zeitungsartikel über eine Ladung gelber Quietscheenten ausgedruckt, die ein Containerschiff in den Siebzigern verloren hatte. Alle lebten noch.

Er schwamm in einem endlosen Teppich gelber Enten.

Wenn man ihn drückte, quietschte er. Endlich spürte er eine Art Wut. Sie würde helfen, nach unten zu treten. Die Wellenberge kamen ihm gneisfarben entgegen. Die Zeit ruckte. Er griff zum sechsten oder siebten Mal nach dem Ende des Seils, das Sam ihm vom Boot aus zuwarf. Koordinationsprobleme. Nachlassende Kraft.

Sein trübes Gefühl, allein zu sein, veränderte sich. Die Wellen glitzerten, glitzerten dunkel, es regnete. Die Teilchen in ihm hatten sich ausgerichtet, das Wasser in seinen Zellen schwappte im selben Takt wie der Kanal.

Er hatte keinen Abschiedsbrief geschrieben und in seinem B&B-Zimmer an den rosa Spiegel gesteckt. Oder zwischen die Nippesschäferin und den vor ihr knienden Jüngling mit Lamm.

Die Tide, der Mond, the mind.
Sein Versuch.
Blau, blue.
Bl ... bl ...
»SWIM!«, gellte das Boot.

Er sah, wie er an Land kroch, tropfend, dreckig, geschunden, zerschrammt. Alle Schleimhäute schmerzten, er hatte eine Wunde am Ringfinger, der rechte Fuß brannte höllisch, er bemerkte es erst jetzt. Das Land war so fest, der Übergang »zurück« erstaunte ihn, sein Kopf stotterte, schwankte lose auf der Halswirbelsäule, der Atlas drehte sich, ein kleiner Globus, sein Kopf. Salzverkrustet trug er ihn ans Ufer.

Zwanzig Minuten durfte er bleiben, er war illegal eingereist, es galt das Schiffbrüchigengesetz. Kein Witz. Er kletterte die Felsen ein Stück nach oben, stakste wie ein Storch im Salat. Seine Knochen tauten.

Knie wie Christmaspudding. Weich, wo sie hart sein sollten. In den Stellen, die weich sein sollten, Steinchen und Grieß. Zwanzig Minuten auf einem Felsen sitzen, wie eine Robbe.

Sam im Beiboot schaukelte gute vierzig Meter vorm Strand.

Das Land war überirdisch ruhig.

Er dachte an seinen Großvater. Der hatte von Odysseus geschwärmt. The sea, so red. See!

Er sah Odysseus als alten Mann. Wie oft er aus dem Salzmeer gekrochen war. Da saß er nach dem Krieg am Strand von Ithaka, weil er, heimgekehrt, das Reisen nicht vergessen konnte. Nichts hatte er vorgefunden, wie es von ihm verlassen worden war. Der Krieg, das Reisen und das Meer schlugen auf seine Knochen, als spielten sie Xylofon in ihm. Odysseus, ein grauer Mann, den keiner erkannte, mit Meerkratzern bedeckt, reglos auf seinem Stein. Selbst schon fast Muschel, Auster, innen lebendig, außen verkrustet, wo das Meer nicht aufhörte und das Land nicht begann, wo Land nicht aufhörte und Meer nicht anfing, stützte den Arm aufs Bein und den Kopf in die Hand. Der Kopf war vollkommen leer.

War er, Basil, deswegen hier?

Die Sonne schien, Mücken umschwirrten ihn. Welch unfassbar liebliches Geräusch.

Das Rauschen im Ohr: ließ nach. Maude: ließ nach. Silas. Basil. Alles ließ nach. Innen war jeder Mensch weiche, warme Finsternis. Noch schwamm er. Noch wusste er nichts.

FERDINAND GREGOROVIUS

Idyllen vom lateinischen Ufer

Das lateinische Meeresufer liegt nur fünf Stunden von Rom entfernt; dreimal in der Woche führt ein Omnibus Gäste dahin, welche sich einige Tage in Porto d'Anzio oder in Nettuno vergnügen wollen, oder solche, die dort Bäder nehmen oder sich nach Neapel einschiffen. Wie zu den Zeiten der Kaiser sind noch heute jene Ufer Vergnügungsorte der Römer, und es gehört zum römischen Leben, einmal nach Antium zu fahren, wie nach Frascati, Tivoli und Albano, um für eine Zeit Rom zu vergessen. Denn selbst die herrlichste Stadt der Erde kann ermüden.

Ich fühlte das recht gegen Ende des Frühjahrs 1854, nachdem der Schirokko, der Plagegeist Roms, fast acht Wochen lang auf der Stadt gelegen hatte, und als ich nun am 24. Juni früh um fünf Uhr aus Rom mich aufmachte, hatte ich das heiterste Gefühl wirklicher Befreiung.

Es war ein sonniger Morgen, das Volk schon auf den Straßen; Blumen in den Händen, zogen sie nach dem Lateran, wo der schöne Platz einem Blumenmarkt glich. Denn heute war das Fest Sankt Johann, eins der lebhaftesten Roms.

Draußen aber auf der Campagna wehte die weichste Luft über die schimmernde Grasebene und die jüngst gesichelten Weizenfelder, welche dieses Jahr zwanzigfältig getragen haben.

Die Fahrt geht fünf Stunden lang meerwärts unterhalb des Albaner Gebirges hin. In Fontana di Papa wird gehalten. Dies ist eine einsame Schenke zwischen Weinbergen und heißt so von einem von Innozenz XII. angelegten Brunnen. Auch pflegt der Papst dort zu rasten, wenn er im Monat Mai an den lateinischen Strand zieht, in seiner Villa zu Porto d'Anzio die Meereskühle zu genießen.

Da herrscht nun das bunteste Leben. Man sitzt an den Tischen umher und verspeist Makkaroni oder vortreffliche Eierkuchen und trinkt den schlechtesten Wein dazu. Alle Augenblicke kommt eine Karosse oder ein Reiter, ein Trupp Sbirren, welcher den Wald durchstreift hat und von denen der eine sich laut rühmt, gestern einen Räuber erschossen zu haben. Eben langt von Anzio ein Zug Galeerensklaven an; sie sitzen paarweise gefesselt auf einem Karren, mitunter schöne junge Leute, sauber gekleidet, mit einem Strohhut, weißem Hemdkragen und flatterndem seidenen Halstuch, denn diese Galeoten werden in Rom losgesprochen. Man bringt ihnen Wein und Zigarren, die Sbirren stehen mit geschultertem Gewehr neben ihnen und lassen sich gleichfalls einschenken. Dies sind die Szenen aus Fontana di Papa.

Nun geht es zwei Stunden lang durch den Buschwald fort, welcher die Pontinischen Sümpfe bis gegen Terracina begleitet, meerentlang die Küste bedeckt und bevölkert wird vom Eber, vom Stachelschwein, vom Büffel und Stier, vom Fieber und vom Räuber, der aus dem Wald auf die Appische Straße streift, den Reisenden bei Cisterna oder bei Forappio oder unter dem Felsen von Terracina auszuplündern.

Endlich blitzt das blaue Meer auf, und wir grüßen alle freudig die azurnen Wellen von Antium, jener alten Volskerstadt, wo der verbannte Coriolan seinen Tod gefunden hatte und auf dessen Küste einst das weltberühmte Kunstwerk, der Gipfel aller auf uns gekommenen Skulptur, in seiner Tempelnische stand, der Apollo vom Belvedere.

Nun sind es neun Jahre, dass mich jeden Sommer das Meer erquickt hat. Die schönsten Stunden meines Lebens und die heitersten Wanderungen sind an Meeresstrand und Welle geknüpft gewesen. Unzählige Bilder und Erinnerungen tauchten mir jetzt bei jenem ersehnten Anblick des Lateinermeeres wieder auf. Aber indem hell und heller vor meine Fantasie traten die elysischen Küsten von Korsika und von Campanien, die schönen Golfe von Palermo und Cefalù, von Syrakus und vom Ätnastrand, stimmte mich der Anblick der lateinischen Küste ganz herab. An jenen Meeren stehen herrliche Felsenufer und Vorgebirge in den edelsten Formen, dort erheben sich Burgen und Städte kühn auf den Ufern, und Ölbäume, Orangengärten und blühende Granaten hängen ihre Zweige fast in die Wellen nieder. Wer kann im Anblick des Meeres die Zauberwelt von Sorrento vergessen, die Gärten von Palermo oder den rebenumschlungenen, sagenvollen Strand von Aci reale am Ionischen Meer?

Dass ich es also gestehe, der Eindruck dieser Ufer und des darauf stehenden kleinen Anzio enttäuschte mich. Soweit nur der Blick gegen Ostia reicht, sah ich nichts als öde Heide, ein niedriges Ufer aus Ton und Sand, eine kleine Schanze darauf und Herden, welche weideten. Das Städtchen ist ein Gemisch von Villen im römischen Palaststil, von steinernen Häusern und von strohbedeckten Campagnahütten, welche sich um einen kleinen Golf hinziehen, auf dessen Strand eine Reihe von Barken und in dessen Hafen einige Segelboote sich bemerklich machen.

In seinem Zimmer der kleinen Locanda saß ein talentvoller Landschaftler an der Staffel und frisch gemalte Seestücke an den Wänden bewiesen mir, wie reich seine Ausbeute gewesen war. Ich verschwieg ihm meine Enttäuschung nicht. Er aber zeigte zum Fenster hinaus auf das spiegelnde Meer und die blauen Volskergebirge im Hintergrunde.

Und kaum war der Tag vergangen, als jene Erinnerungen schönerer Küsten zur Ruhe kamen und der ganz neue Zauber dieser einsamen und heimlichen Ufer von Antium mich gefangen hatte. Sie sind anmutig wie der baltische Strand meiner Heimat, und wenn auch unendlich schöner und von feinerem Wesen, so doch ihm manchmal ähnlich, und mehr als einmal habe ich an diesen gelben, felsenlosen Küsten verwandter Form und Bildung ausgerufen: Das ist ja leibhaftig Neukuhren, Wangen und Sassau! Die baltische Küste und die lateinische verhalten sich so zueinander wie ein schönes, naturfrisches Volkslied zu einer klassischen Idylle des Theokrit.

Weder Poussin noch Claude noch Salvator Rosa würden hierherkommen, eine Meerlandschaft zu malen. Es gibt hier nichts Episches oder Heroisches von grandiosem Stil, nichts Gewagtes oder Bizarr-Fantastisches. Hier ist alles weite, atmende, sagenvolle Ferne, Stille und Anmut, im eigentlichen Sinn Meeridylle. Weit und breit sind diese Ufer von einer durchaus lyrischen Stimmung.

Nun begreife ich recht, was dieses Meer von Antium für das weltgeschichtlich bewegte Rom sein musste. Jene Römer zur Zeit des Augustus, des Caligula und Nero (und dieser wurde in Antium geboren) liebten es, sich aus der großen Welt zu flüchten, einen müßigen Sommermonat in Antium zu verleben, wie es ja noch heute der Papst tut.

Ja, diese Meereseinsamkeit überschleicht unversehens das Gemüt! Jene feinen, sanften Uferlinien, welche in Meilenweite sich im Duft verlieren, jener weiche und schimmernde Sand, dieses wohlig rauschende Meer in seinem Farbenspiel, das märchenhafte Kap der Circe drüben, welches als Insel wie ein großer Saphir herüberfunkelt, die fernen, kleinen Ponza-Eilande, die ihre blauen Gipfel wie Blumenglocken kaum aus den Wellen erheben, hundert weiße Segel, welche kommen, gehen und dahinschwinden, der melancholische Gesang der Fischer, Flöten- und Harfenklänge – wahrlich! die ganze Welt draußen dürfte mit glühenden Bomben und Raketen beschossen werden, hier spürte man es nimmer.

Wenn ich im Fenster meines Zimmers liege, vor welchem die neapolitanischen Fischer auf dem weißen Sande sitzen und die Netze ausbessern, tut sich der ganze herrliche Golf vor mir auf und ich sehe das liebliche Ufer vor mir bis zum Circeischen Kap. Auf der Küste erhebt sich nahe bei Anzio die edel geformte Villa des Fürsten Borghese in einem wilden Park von Steineichen und Olivenbäumen, weiterhin Kastell und Stadt Nettuno, braun und pittoresk ins Meer gebaut und in aller Welt berühmt durch die Schönheit der Frauen und ihre herrliche Tracht. Die Linie der Ufer wird nun immer sanfter, feiner und länger ausgezogen; an ihrem Ende steht in traumhafter Ferne ein kleines, weiß schimmerndes Schloss. Dies Kastell breitet um Küste und Meer eine melancholische Stimmung aus, wie das Kap der Circe homerische Poesie verbreitet. Die Blicke jedes Deutschen zieht es magisch an und rührt sein Herz zur Wehmut und Trauer; denn es bezeichnet einen der größten Abschnitte in der Geschichte unseres Vaterlandes. Ist es doch jener einsame Turm Astura, wo der letzte Hohenstaufe, Konradin, nach der verlorenen Schlacht von Tagliacozzo hinüberfloh und wo der Verräter Frangipani ihn festnahm und in die Hände des blutgierigen Karl von Anjou auslieferte. An jenem Turm sank die Sonne der Hohenstaufen in das Meer.

JOHANN WOLFGANG VON GOETHE

Meeresstille

Tiefe Stille herrscht im Wasser,
ohne Regung ruht das Meer,
und bekümmert sieht der Schiffer
glatte Fläche ringsumher.
Keine Luft von keiner Seite!
Todesstille fürchterlich!
In der ungeheuern Weite
reget keine Welle sich.

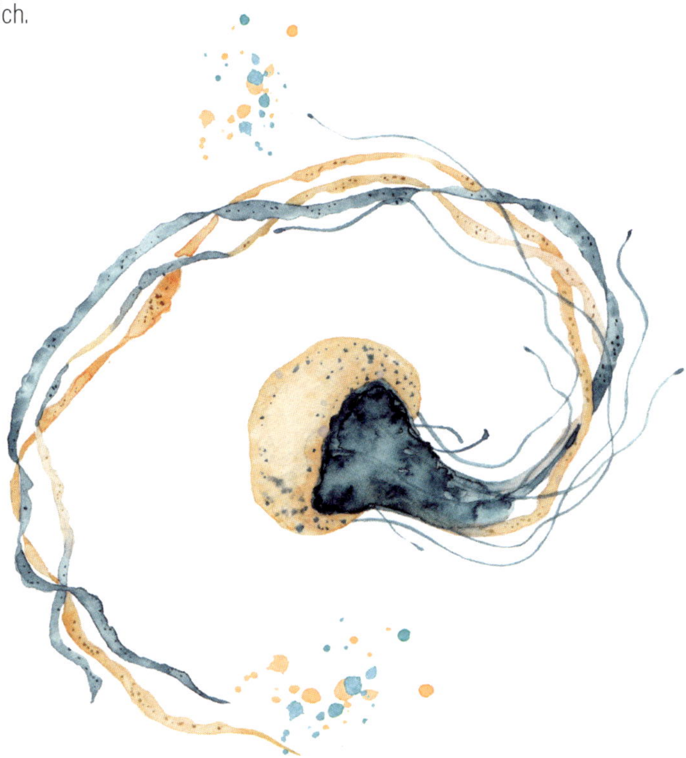

THOMAS MANN

Der Tod in Venedig

(...) Das Strandbild, dieser Anblick sorglos sinnlich genießender Kultur am Rande des Elementes, unterhielt und erfreute ihn wie nur je. Schon war die graue und flache See belebt von watenden Kindern, Schwimmern, bunten Gestalten, welche, die Arme unter dem Kopf verschränkt, auf den Sandbänken lagen. Andere ruderten in kleinen, rot und blau gestrichenen Booten ohne Kiel und kenterten lachend. Vor der gedehnten Zeile der Capannen, auf deren Plattformen man wie auf kleinen Veranden saß, gab es spielende Bewegung und träg hingestreckte Ruhe, Besuche und Geplauder, sorgfältige Morgeneleganz neben der Nacktheit, die keck-behaglich die Freiheiten des Ortes genoss.

Vorn auf dem feuchten und festen Sande lustwandelten Einzelne in weißen Bademänteln, in weiten, starkfarbigen Hemdgewändern. Eine vielfältige Sandburg zur Rechten, von Kindern hergestellt, war rings mit kleinen Flaggen in den Farben aller Länder besteckt. Verkäufer von Muscheln, Kuchen und Früchten breiteten kniend ihre Waren aus. Links, vor einer der Hütten, die quer zur Reihe der übrigen und zum Meere standen und auf dieser Seite einen Abschluss des Strandes bildeten, kampierte eine russische Familie: Männer mit Bärten und großen Zähnen, mürbe und träge Frauen, ein baltisches Fräulein, das an einer Staffelei sitzend unter Ausrufen der Verzweiflung das Meer malte, zwei gutmütig-hässliche Kinder, eine alte Magd im Kopftuch und mit zärtlich unterwürfigen Sklavenmanieren. Dankbar genießend lebten sie dort, riefen unermüdlich die Namen der unfolgsam sich tummelnden Kinder, scherzten vermittelst weniger italienischer Worte lange mit dem humoristischen Alten, von dem sie Zuckerwerk kauften, küssten einander auf die Wangen und kümmerten sich um keinen Beobachter ihrer menschlichen Gemeinschaft.

»Ich will also bleiben«, dachte Aschenbach. Wo wäre es besser? Und die Hände im Schoß gefaltet, ließ er seine Augen sich in den Weiten des Meeres verlieren, seinen Blick entgleiten, verschwimmen, sich brechen im eintönigen Dunst der

Raumeswüste. Er liebte das Meer aus tiefen Gründen: aus dem Ruheverlangen des schwer arbeitenden Künstlers, der von der anspruchsvollen Vielgestalt der Erscheinungen an der Brust des Einfachen, Ungeheuren sich zu bergen begehrt; aus einem verbotenen, seiner Aufgabe gerade entgegengesetzten und eben darum verführerischen Hange zum Ungegliederten, Maßlosen, Ewigen, zum Nichts. Am Vollkommenen zu ruhen ist die Sehnsucht dessen, der sich um das Vortreffliche müht; und ist nicht das Nichts eine Form des Vollkommenen? Wie er nun aber so tief ins Leere träumte, ward plötzlich die Horizontale des Ufersaumes von einer menschlichen Gestalt überschnitten, und als er seinen Blick aus dem Unbegrenzten einholte und sammelte, da war es der schöne Knabe, der von links kommend vor ihm im Sande vorüberging. Er ging barfuß, zum Waten bereit, die schlanken Beine bis über die Knie entblößt, langsam, aber so leicht und stolz, als sei er ohne Schuhwerk sich zu bewegen ganz gewöhnt, und schaute sich nach den quer stehenden Hütten um. Kaum aber hatte er die russische Familie bemerkt, die dort in dankbarer Eintracht ihr Wesen trieb, als ein Unwetter zorniger Verachtung sein Gesicht überzog. Seine Stirn verfinsterte sich, sein Mund ward emporgehoben, von den Lippen nach einer Seite ging ein erbittertes Zerren, das die Wange zerriss, und seine Brauen waren so schwer gerunzelt, dass unter ihrem Druck die Augen eingesunken schienen und böse und dunkel darunter hervor die Sprache des Hasses führten. Er blickte zu Boden, blickte noch einmal drohend zurück, tat dann mit der Schulter eine heftig wegwerfende Bewegung und ließ die Feinde im Rücken.

Eine Art Zartgefühl oder Erschrockenheit, etwas wie Achtung und Scham, veranlasste Aschenbach, sich abzuwenden, als ob er nichts gesehen hätte; denn dem ernsten Zufallsbeobachter der Leidenschaft widerstrebt es, von seinen Wahrnehmungen auch nur vor sich selber Gebrauch zu machen. Er war aber erheitert und erschüttert zugleich, das heißt: beglückt. Dieser kindische Fanatismus, gerichtet gegen das gutmütigste Stück Leben, – er stellte das Göttlich-Nichtssagende in menschliche Beziehungen; er ließ ein kostbares Bildwerk der Natur, das nur zur Augenweide getaugt hatte, einer tieferen Teilnahme wert erscheinen; und er verlieh der ohnehin durch Schönheit bedeutenden Gestalt des Halbwüchsigen eine politisch-geschichtliche Folie, die gestattete, ihn über seine Jahre ernst zu nehmen.

Noch abgewandt, lauschte Aschenbach auf die Stimme des Knaben, seine helle, ein wenig schwache Stimme, mit der er sich von weitem schon den um die

Sandburg beschäftigten Gespielen grüßend anzukündigen suchte. Man antwortete ihm, indem man ihm seinen Namen oder eine Koseform seines Namens mehrfach entgegenrief, und Aschenbach horchte mit einer gewissen Neugier darauf, ohne Genaueres erfassen zu können, als zwei melodische Silben wie »Adgio« oder öfter noch »Adgiu« mit rufend gedehntem u-Laut am Ende. Er freute sich des Klanges, wiederholte ihn im Stillen und wandte sich befriedigt seinen Briefen und Papieren zu.

Seine kleine Reiseschreibmappe auf den Knien, begann er mit dem Füllfederhalter diese und jene Korrespondenz zu erledigen. Aber nach einer Viertelstunde schon fand er es schade, die Situation, die genießenswerteste, die er kannte, so im Geist zu verlassen und durch gleichgültige Tätigkeit zu versäumen. Er warf das Schreibzeug beiseite, er kehrte zum Meere zurück, und nicht lange, so wandte er, abgelenkt von den Stimmen der Jugend am Sandbau, den Kopf bequem an der Lehne des Stuhles nach rechts, um sich nach dem Treiben und Bleiben des trefflichen Adgio wieder umzutun.

Der erste Blick fand ihn; die rote Masche auf seiner Brust war nicht zu verfehlen. Mit anderen beschäftigt, eine alte Planke als Brücke über den feuchten Graben der Sandburg zu legen, gab er rufend und mit dem Kopfe winkend seine Anweisungen zu diesem Werk. Es waren da mit ihm ungefähr zehn Genossen, Knaben und Mädchen, von seinem Alter und einige jünger, die in Zungen, polnisch, französisch und auch in Balkan-Idiomen durcheinander schwatzten. Aber sein Name war es, der am öftesten erklang. Offenbar war er begehrt, umworben, bewundert. Einer namentlich, Pole gleich ihm, ein stämmiger Bursche, der ähnlich wie »Jaschu« gerufen wurde, mit schwarzem, pomadisiertem Haar und leinenem Gürtelanzug, schien sein nächster Vasall und Freund. Sie gingen, als für diesmal die Arbeit am Sandbau beendigt war, umschlungen den Strand entlang, und der, welcher »Jaschu« gerufen wurde, küsste den Schönen.

Aschenbach war versucht, ihm mit dem Finger zu drohen. »Dir aber rat ich Kritobulos«, dachte er lächelnd, »geh ein Jahr auf Reisen! Denn so viel brauchst du mindestens Zeit zur Genesung.« Und dann frühstückte er große, vollreife Erdbeeren, die er von einem Händler erstand. Es war sehr warm geworden, obgleich die Sonne die Dunstschicht des Himmels nicht zu durchdringen vermochte. Trägheit fesselte den Geist, indes die Sinne die ungeheure und betäubende Unterhaltung der Meeresstille genossen. Zu erraten, zu erforschen, welcher Name es sei, der ungefähr »Adgio« lautete, schien dem ernsten Mann eine angemessene, vollkommen ausfüllende Aufgabe und Beschäftigung. Und mithilfe einiger polnischer Erinnerungen stellte er fest, dass »Tadzio« gemeint sein müsse, die Abkürzung von »Tadeusz« und im Anrufe »Tadziu« lautend.

Tadzio badete. Aschenbach, der ihn aus den Augen verloren hatte, entdeckte seinen Kopf, seinen Arm, mit dem er rudernd ausholte, weit draußen im Meer; denn das Meer mochte flach sein bis weit hinaus. Aber schon schien man besorgt um ihn, schon riefen Frauenstimmen nach ihm von den Hütten, stießen wiederum diesen Namen aus, der den Strand beinahe wie eine Losung beherrschte und mit seinen weichen Mitlauten, seinem gezogenen u-Ruf am Ende, etwas zugleich Süßes und Wildes hatte: »Tadziu, Tadziu!« Er gehorchte, er lief, das widerstrebende Wasser mit den Beinen zu Schaum schlagend, zurückgeworfenen Kopfes durch die Flut; und zu sehen, wie die lebendige Gestalt, vormännlich hold und herb, mit triefenden Locken und schön wie ein zarter Gott, herkommend aus den Tiefen von Himmel und Meer, dem Elemente entstieg und entrann: Dieser Anblick gab mythische Vorstellungen ein, er war wie Dichterkunde von anfänglichen Zeiten, vom Ursprung der Form und von der Geburt der Götter. Aschenbach lauschte mit geschlossenen Augen auf diesen in seinem Innern antönenden Gesang; und abermals dachte er, dass es hier gut sei und dass er bleiben wolle.

O Meer der Liebe,
von dem nur der Ertrinkende,
nicht der
Darüberfahrende weiß!

ROBERT MUSIL

WOLFGANG KOEPPEN

Die Erben von Salamis

Piräus aber ist herrlich! Gewiss, eine hässliche Stadt, grau, farblos, selbst ein wenig verkommen, bürgerlich verkommen, ohne die schillernde Fäulnis der alten Kultur, der Méditerrané. Aber Piräus ist das Griechenland des Meeres, ist das Griechenland der Inseln, es ist das Griechenland all der Pflanzstädte bis nach Kleinasien, bis nach Afrika und den Säulen des Herkules.

Piräus ist das Herz der antiken Welt. Ein Herz, das noch immer schlägt. Da kommen am Morgen die Schiffe, da gehen sie gen Mittag, von Lesbos, nach Andros, von Mykonos, nach Naxos, da locken über der Bootstreppe in schöner griechischer Schrift die Namen von Chios, Kreta, Rhodos, Kythira, da wird nach Alexandria geschifft und nach Istanbul und nach dem besiegten Troja, immer ist es eine Arche Noah, die anlegt oder sich wendet, Kästen, die nur noch das Alter zusammenhält, und wenn sie auch Dampf ausstoßen, könnte doch Odysseus auf ihnen gereist sein, schwere Menschenfracht über alle Decks, das ist die Vergangenheit, die ankommt, das klassische Volk, die Götterkinder, oft in Lumpen, fast nie mehr in der Landestracht, meist in schäbigste Konfektion gehüllt, aber was für Gesichter, sie haben auf ihren Inseln, auf ihrem Meer noch Apollon gesehen, und die schwarz gekleideten Frauen begegneten dem Eumeniden, und der Pope, der keiner Schiffsfracht fehlt, fasst sein Kreuz wie ein vorchristliches Mysterium. Sie bringen wenig mit und ihre Armut achtet die Kreatur nur nach ihrem Marktpreis. Hühner, an ihren Beinen zusammengebunden, werden wie ein Bündel zuckender Federn getragen. Kein Mitleid mit ihren brechenden Augen. Ziegen, Lämmer, Kaninchen für den Tisch der Stadt, Tausch gegen die Produkte der Industrie und der Reklame. Die Leute von den Inseln wissen, dass sie betrogen werden, aber sie fügen sich wie ihre Ahnen, unsere Urahnen in den unehrlichen Lauf der Welt. Welche Begrüßungen! Die Familie triumphiert. Großmutter, Mutter und Kind kommen an. Am Kai warten die Tanten, die Nichten, die Geschwister, die Vettern. Umarmungen, Küsse auf die Wange. Man teilt, was man hat. Es ist nicht viel, aber es ist alles. Ein altes Weib bietet Heiligenbilder an. Sie stellt sich fordernd, drohend jedermann in den Weg. Man bekreuzigt sich. Man spendet. Das Weib hat den bösen Blick. Im Rund des Hafens kleine Kaffeehäuser ohne Alkohol. Die Garküchen mit den fetten Speisen und dem Möbelpoliturgeruch des Retsina. Alle Stühle wieder nur von Männern besetzt. Handelsgespräche und politische Seufzer. (...)

Vom Piräus kann man mit dem Auto oder dem Bus, am besten vielleicht mit dem Fahrrad den sardonischen Golf entlang nach Cap Sunion fahren. Es ist die attische Riviera, eine der schönsten Straßen der Welt, ein vom Fremdenverkehr noch nicht allzu heimgesuchter, weiter, freier Strand, und es ist schon eine Reise in das Inselreich, in die Verzauberung, in das große Theater der Antike. Kastella, Tourkolimano, ein Fischerhafen, ein Ankerplatz der Yachten von regierenden oder vertriebenen Königen, von prosperierenden oder falliten Millionären und ihrer Klientel aus begabten Schwindlern, eleganten Schnorrern und verdienten Staatsmännern mit einem postkartenblauen Wasser, mit braunen Fangnetzen, zum Trocknen auf den Kai gelegt, mit bunten Häusern amphitheatralisch an den Berghang geklebt, ist einer der wenigen populärmalerischen Orte in Griechenland, eine etwas grell geschminkte Schönheit, ein Prospektgesicht, das keine weite Reise lohnt. (...)

Nach Glyphada hin wird alles eleganter, eine gepflegte, künstlich bewässerte Allee, Klubgebäude im Bauhausstil, modernere, doch nicht über zwei Stockwerke hinauswachsende Hotels, hin und wieder ein ehrgeiziges Restaurant in einem mühsam geschaffenen künstlichen Garten und dann das Asteria-Bad, gepriesenes Palm Beach von Athen, mit Hütten in einem prächtigen Park, nicht abreißender Lautsprechermusik, allgemeiner Bikini-Schau, doch nur am Sonntag überfüllt, dem sanftesten Sand und dem reinsten Wasser.

Erst hinter dieser letzten Wegmarke der Zivilisation und der Moderne beginnt das Altertum, das Unverlorene, die stehen gebliebene Zeit. Blaue Buchten, gewundene Pfade, Felshöhen, Ausblicke, Fernsichten, einsame Küsten, in Fels gebettete Mulden, Seewind, Seekiefern, Harzgeruch, Dornengebüsch. Der Wind wurde zum Sturm bei hellstem Himmel, strahlendster Mittagssonne. Eine Hütte in der Wellengischt. Der Wirt brät die Fische. Goldrote Schuppen. Ein kleines Mädchen brachte das Brot. Ein Knabe das Wasser aus einem steingedeckten Brunnen. Ich war eingekehrt wie vor Tausenden von Jahren. Der Wanderer, der noch kam, mochte Orestes sein. Lange schon konnte man Sunion sehen.

Der Tempel des Poseidon krönte wahrlich das Kap. In lieblichen Wellen stieg die Landschaft zur Kuppe an. Die Berge, die Täler, der Himmel, das Meer und der Tempel waren eins in einer nie wieder erlebten Unschuld der Natur, die den Menschen und sein Werk einschloss. Man glaubt, dem Gott zu begegnen. Man sieht ihn nicht, aber er ist deutlich da.

GEORG FORSTER

Entdeckungsreise nach Tahiti und in die Südsee

Nachmittags gelangten wir in die Cook-Straße, liefen sie nach Süden herab und hatten nun den unermesslichen Ozean, die Südsee, vor uns. Dies große Meer war bereits mehrfach durchschifft worden, die kälteren Gegenden hingegen hatte vor Kapitän Cooks erster Reise mit der »Endeavour«, das ist bis zum Jahre 1770, noch kein europäischer Seefahrer zu untersuchen gewagt. Gleichwohl glaubte man, dass hier ein großes Land liegen müsse, und die Erdbeschreiber, die es in ihren Karten das südliche feste Land (Terra australis) nannten, nahmen an, dass auf der Westseite Neuseeland, auf der Ostseite aber ein Strich Landes, der gegen Amerika hin entdeckt worden sein sollte, die Küsten ausmachen. Da aber Kapitän Cook auf seiner vorigen Reise gefunden hatte, dass Neuseeland nicht mehr als zwei große Inseln und dass weder nach Amerika hin noch bis zum 40. Grad gegen Süden herab Land vorhanden sei, so war das Südland schon in engere Schranken gebracht, wenn auch immer noch weitläufig genug, die Aufmerksamkeit künftiger Seefahrer zu verdienen.

Wir sollten nun den noch unerforschten Teil dieser See befahren.

Am folgenden Morgen waren wir noch in der Mündung der Straße und hatten die hohen, schneebedeckten Berge der Südinsel noch immer in Sicht. Große Züge verschiedener Walarten gingen am Schiff vorbei. Sie waren meist ganz schwarz und hatten einen weißen Fleck vor der hintersten Rückenfinne.

Sobald das Land außer Sicht gekommen war, schwärmte eine unendliche Menge von Albatrossen um uns her. Einige unserer Matrosen, die auf Ostindienfahrern gedient hatten, versicherten ihre Kameraden, dass eine Reise nach Ostindien im Vergleich zu den Mühseligkeiten, die wir auf dieser hier auszustehen hätten, für gar nichts zu rechnen wäre.

Sie erzählten, wie gut und bequem die Kapitäne es sich auf dergleichen Reisen zu machen pflegten, und nach mancher Anekdote und Spötterei darüber gerieten sie auf den närrischen Einfall, dass die abgeschiedenen Seelen all dieser Kapitäne zur Strafe für ihre üppige Lebensweise auf See in diese Albatrosse wandern müssten und nun auf die Südsee verbannt wären, vor der sie sich zu Lebzeiten wohl zu hüten gewusst hätten. Hier müssten sie sich nun, statt ihres vorigen Überflusses, kärglich genug behelfen und wären nun endlich ein Spiel der Stürme und Wellen.

Die Offiziere, denen das eingesalzene Fleisch noch nicht wieder schmecken wollte, ließen ihren schwarzen Hund schlachten und schickten dem Kapitän die Hälfte davon. Wir ließen die Keule braten und speisten heute zum ersten Mal Hundefleisch. Es schmeckt vollkommen wie Hammelfleisch, sodass nicht der geringste Unterschied zu bemerken war.

Bis zum 16. steuerten wir immer südostwärts und waren stets von Sturmvögeln und Albatrossen und zuweilen auch von grauen Möwen umgeben, und große Haufen von Seegras schwammen vielfältig in der See.

Am 23. waren Wind und Wetter gelinde. Kapitän Furneaux machte sich dies und die Nachbarschaft beider Schiffe zunutze, um zu uns an Bord zu kommen und mit uns zu speisen. Er berichtete dem Kapitän, dass seine Leute sich noch wohl befänden, einen oder zwei Mann ausgenommen, die von ihrem Umgang mit ungesunden Frauenspersonen ekelhafte Nachwehen ausstehen mussten. Diese Nachricht war uns insofern recht unangenehm, weil man daraus entnehmen konnte, dass jene hässliche Krankheit auch Neuseeland schon erreicht hatte, denn nirgends sonst konnten die Leute angesteckt worden sein.

Bis zum Anfang des Juli blieb der Wind veränderlich, er war mehr als viermal um den ganzen Kompass herumgelaufen. Am 9. waren wir ungefähr in der Länge, in welcher sich Kapitän Cook auf seiner vorigen Reise unter dem 40. Grad 22 Minuten südlicher Breite befunden hatte. Hier fiel uns ein junger Ziegenbock über Bord, den man zwar wieder auffischte und alles Mögliche an ihm versuchte, wie Reiben, Tabakklistiere und dergleichen, aber umsonst, er war nicht wieder zum Leben zu bringen.

Am 17. ließ der Kapitän endlich nach Norden steuern. Bisher hatten wir uns nämlich auf der Suche nach dem Südland meist gegen Osten und in den Breiten gehalten, wo es liegen sollte. Auf dieser Fahrt war uns allen aber die Zeit herzlich lang geworden, das einzige, was wir damit gewonnen hatten, war die Gewissheit, dass in den mittleren Breiten der Südsee kein großes Land zu finden ist. Je näher wir den Wendezirkeln kamen, desto besseren Mutes wurde unser Schiffsvolk. Die Matrosen fingen schon an, sich des Abends auf dem Deck mit mancherlei Spielen zu belustigen. Die Wärme und Milde der Luft war etwas ganz Neues und wir konnten jetzt seit unserer Abreise vom Kap zum ersten Mal die Winterkleider ablegen.

Am 25. nachmittags sahen wir einen tropischen Vogel, ein sicheres Zeichen, dass wir in das mildere Klima über 30 Grad südlicher Breite gekommen waren.

Am 28. war die »Adventure« uns so nahe, dass wir mit den Leuten sprechen konnten. Sie erzählten uns, dass vor drei Tagen ihr Koch gestorben und dass zwanzig Mann an Skorbut erkrankt seien. Diese Nachricht war uns desto unerwarteter, da auf unserem Schiff kaum Anzeichen von Skorbut vorhanden waren. Um indessen jenen zu helfen, schickte Kapitän Cook einen seiner Seeleute mit der Bestallung als Koch auf die »Adventure«, und verschiedene Herren nahmen die Gelegenheit wahr, ebenfalls hinüberzugehen und dort zu speisen. Sie fanden Kapitän Furneaux mit Gliederreißen, viele seiner Leute aber mit Flüssen geplagt. Unter den skorbutischen Patienten war der Zimmermann am übelsten dran, denn er hatte schon große blaue Flecken an den Beinen. Dieser Unterschied in den Gesundheitsumständen der beiden Schiffe rührte vermutlich daher, dass es auf der »Adventure« an frischer Luft fehlte. Unser Schiff lag höher im Wasser und daher konnten wir, selbst bei stürmischem Wetter, mehr Luftlöcher offen halten als jene. Außerdem aßen unsere Leute mehr Sauerkraut, brauchten mehr Maische und machten aus den Malzkörnern Umschläge auf die skorbutischen Flecken und geschwollenen Glieder, was man auf der »Adventure« nie zu tun pflegte.

Am 11. August morgens erblickten wir eine niedrige Insel, die vier Meilen lang und so flach wie die See zu sein schien. Nur hier und da sah man einzelne, gleichsam aus der See aufgewachsene Gruppen von Bäumen, unter welchen die hohen Gipfel der Kokospalme weit über die anderen emporragten. Nach so langer verdrießlicher Fahrt war uns schon der bloße Anblick des Landes etwas Erfreuliches, und obschon an der ganzen Insel nichts besonders Schönes zu sehen war, gefiel sie dem Auge doch wegen ihres von Natur einfachen Ansehens.

Das Thermometer hielt sich beständig zwischen zwanzig und siebenundzwanzig Graden, gleichwohl war die Hitze nicht übermäßig, denn wir hatten bei schönem, hellem Wetter einen kühlen Passatwind. Die Insel wurde Resolution-Eiland genannt und vermutlich hat auch Herr von Bougainville seinem Tagebuch nach die gleiche gesehen.

Abends kam uns eine andere Insel von gleicher Art zu Gesicht, die Doubtful-Eiland genannt wurde. Da die Sonne schon untergegangen war, hielten wir uns so lange gegen Norden, bis wir ganz an der Insel vorüber waren und nicht mehr befürchten mussten, in der Finsternis auf die Küste zu stoßen. Am folgenden Morgen erschreckte uns das Geräusch von Wellen, die sich kaum eine halbe Meile vor uns schäumend brachen. Wir änderten sogleich unseren Lauf, gaben der »Adventure« durch Signale Nachricht von der Gefahr und steuerten hierauf längs dem Riff hin. Sobald es hell wurde, entdeckten wir eine zirkelrunde Insel und auf derselben einen großen Teich von Seewasser. An der Nordseite war die Insel mit Palmen und anderen Bäumen besetzt, den übrigen Teil machte aber nur eine schmale Reihe von niedrigen Felsen aus, über die die See in einer gewaltigen Brandung hinwegschlug. Kapitän Cook nannte diese Insel Furneaux-Eiland. Als wir an der Südseite des Riffs vorüber waren, erblickte man am nördlichen Ende der Insel ein Kanu unter Segel, und mithilfe der Ferngläser ließ sich erkennen, dass es mit sechs bis sieben Leuten bemannt war, von denen einer auf dem Vorderteil stand und mit einer Ruderschaufel steuerte.

Wir setzten unseren Lauf bei günstigem Wind bis Sonnenuntergang fort. Sobald es aber anfing, dunkel zu werden, legten wir bei, weil die Schifffahrt der vielen Inseln und Klippen wegen gefährlich ist, die nicht eher zu sehen sind, als bis man dicht bei ihnen ist. Früh am Morgen gingen wir wieder unter Segel und kamen an einer anderen Insel vorbei, die Adventure-Eiland genannt wurde. Um eben diese Zeit sprachen wir mit der »Adventure« und hörten, dass sie dreißig Mann auf der Krankenliste habe.

Nachmittags sahen wir eine Insel gerade vor uns. Der Lage nach musste es dieselbe sein, die Kapitän Cook auf seiner vorigen Reise Chain-Island oder Ketteninsel genannt hatte. Damit wir diese Nacht nicht wieder beilegen mussten, ließ der Kapitän ein Boot mit einer Laterne vor dem Schiff hersegeln und befahl den Leuten, sobald sie eine gefährliche Stelle antreffen sollten, Signale zu geben. Diese Vorsicht war wegen der vielen Inseln nötig, die man in der Südsee antrifft.

Sie bestehen nämlich aus Felsen, die vom Grunde des Meeres senkrecht wie Mauern emporsteigen, und auch da, wo sie am höchsten sind, nicht mehr als höchstens sechs Fuß über die Oberfläche emporragen. Oft sind sie von kreisförmiger Gestalt und haben in der Mitte ein Bassin von Seewasser, rings an den Ufern aber ist das Meer überall unergründlich. Unter den wenigen Gewächsen, die es darauf gibt, mag der Kokosbaum das beste und nutzbarste sein. Einer so armseligen Beschaffenheit und ihres oft nur geringen Umfanges unerachtet, sind manche dennoch bewohnt.

Früh am 15. August erblickten wir einen hohen Pik mit einer flachen Spitze. Der Berg schien ziemlich hoch und der Gipfel gleichsam abgebrochen oder wie die Mündung eines Vulkans ausgehöhlt zu sein. An der Küste war wenig oder gar kein flaches Land zu sehen, wo es aber eine ebene Stelle am Ufer gab, da war das Erdreich, wie überhaupt der ganze Berg, anmutig grün bewachsen. Einer unserer Offiziere, der vom Kapitän Wallis vormals an die Küste geschickt worden, erzählte uns, dass auf diesen Bäumen die Brotfrucht wachse, die in Ansons, Byrons, Wallis und Cooks Reisen so sehr gerühmt worden ist. Die Insel heiße in der Landessprache Maitea, und die Bewohner seien eine ebensolche Gattung von Menschen, wie man auf den Sozietätsinseln oder auf Tahiti anträfe, welches nur eine halbe Tagesreise entfernt liege.

Dies war alles, was wir von der Insel erfahren konnten, denn wir blieben gute vier Seemeilen davon entfernt, und das mochte vermutlich auch die Ursache sein, warum von der Insel kein Kanu zu uns herankam. Da wir wenig Wind hatten, wurde ein Boot nach der »Adventure« geschickt, das den Kapitän Furneaux zum Mittagessen herüberholte. Wir hatten das Vergnügen, von ihm zu vernehmen, dass der Durchlauf, der unlängst unter seinen Leuten eingerissen war, bereits nachgelassen und dass auch am Skorbut keiner mehr gefährlich erkrankt sei. Wir konnten also der Nachbarschaft von Tahiti wegen hoffen, dass dem Übel bald durch frische Kräuterkost gänzlich abzuhelfen sein würde. Bei Untergang der Sonne sah man bereits die Berge dieser Insel aus den vergoldeten Wolken über dem Horizont hervorragen. Jedermann an Bord, einen oder zwei ausgenommen, die sich nicht rühren konnten, eilte begierig an Deck, um die Augen an dem Anblick dieses Landes zu weiden, von dem man die größten Erwartungen haben musste, weil nach dem übereinstimmenden Zeugnis aller Seefahrer, die dort gewesen sind, nicht nur Überfluss an frischen Lebensmitteln vorhanden, sondern auch die Einwohner von besonders gutherzigem und gefälligem Charakter sein sollten.

Wir steuerten nun die ganze Nacht über gegen die Küste hin und unterhielten uns in der Erwartung des Morgens mit den angenehmen Schilderungen, die unsere Vorgänger von diesem Lande gemacht hatten. Schon fingen wir an, die unter dem rauen, südlichen Himmelsstrich ausgestandenen Mühseligkeiten zu vergessen. Der trübe Kummer, der bisher unsere Stirn umwölkt hatte, verschwand; die fürchterlichen Vorstellungen von Krankheit und Tod wichen zurück und alle unsere Sorgen entschliefen.

Wie kann man etwas vom Leben und von seinem tiefsten Innersten verstehen, wenn man es nicht vom Meer gelernt hat?

FEDERICO GARCÍA LORCA

MELANIA G. MAZZUCCO

Vita

Die Glocke läutet zum dritten Mal. Zum letzten Mal. Danach werden die Luken von außen geschlossen, die Riegel rasten ein und der Schlafsaal versinkt in der Dunkelheit. Vita versteckt sich am oberen Ende der Treppe, sie ist bis zur Nase unter Sägespänen begraben. An den Tagen, an denen alle unter Seekrankheit leiden, ist die Kiste leer, denn die Sägespäne werden mit vollen Händen auf den Boden, zwischen die Schlafkojen und sogar auf die Kissen gestreut, um Erbrochenes und flüssigen Kot aufzusaugen. Sie ist so überwältigt von ihrem eigenen Mut, dass sie kaum zu atmen wagt. Man hatte ihr vorausgesagt, sie müsse das Meer der Tränen überqueren, und stattdessen hat sich diese Reise als aufregendes Abenteuer entpuppt. Die Lampe zaubert einen Heiligenschein um das finstere Gesicht des Aufsehers und sie kann sogar seinen schlechten Atem riechen. Sie rührt sich nicht vom Fleck. Sie wartet, bis die Matrosen ihren Kontrollgang über die Brücke beendet und die letzten Passagiere, die sich der Anordnung widersetzen, verscheucht haben. Die jungen Matrosen versehen lustlos ihren Dienst, sie ärgern sich über den nicht enden wollenden Nieselregen, der auf die Brücke fällt, und die schlechten Wetteraussichten. Sie sind Italiener. Die Gesichter unter den Kappen glänzen, die Wachstuchmäntel sind vollgesogen mit Nässe. Einer schwenkt seine Taschenlampe, entdeckt einen widerspenstigen Schatten, packt ihn, befördert ihn mit Fußtritten zur Luke – und der Schatten stolpert die Treppe hinunter. Die Matrosen lachen. Dann werden sie von der Dunkelheit verschluckt. Der Aufseher pfeift. Offenbar ist alles in Ordnung. Die Türen werden zugeschlagen, der Kielraum wird abgeschlossen. Jetzt sind sie Gefangene der Nacht. Alle, außer ihr. Sie hat es mit ihnen aufgenommen. Sie hat sich nicht in dem stinkenden Loch einsperren lassen. Das Deck ist nur noch ein bleicher, leerer Streifen. Die mondförmigen Lichtkegel der Scheinwerfer bohren sich in den Nebel. Die tröpfelnde Reling ist eine Straße aus Metall – sie ist die schmale Grenze, die das Alles und das Nichts trennt, die Grenze zwischen ihr und dem Ozean. Das Schiff gehört ihr.

Sie steigt aus der Kiste. Sie schüttelt sich die Sägespäne aus den Haaren und dem Rock. Sie atmet tief ein. Die Luft schmeckt nach Rauch, Salz und Petroleum. Dies ist ihre erste Reise. Nie zuvor ist sie auf einem Schiff gewesen. Eigentlich müsste sie Angst haben, weil es spät ist, weil sie dem Aufruf des dritten Glockenschlags nicht gefolgt ist, weil sie sich den Regeln der Schifffahrtsgesellschaft widersetzt hat. Aber sie hat keine Angst. Sie ist glücklich.

Zweitausend Menschen sind dort unten eingesperrt und schlafen, nur sie ist frei. Sie klettert auf die Reling. (...)

Man erzählt sich, die zweihundert Passagiere auf dem oberen Deck würden in Liegestühlen liegen und lesen und den Horizont beobachten – und hin und wieder auch die zweitausend Passagiere unter ihnen. Die einen dienen zur Unterhaltung der anderen. Es heißt, sie spielten in den Salons Karten und tanzten am Abend. Die Musik hört man sogar unten, aber wie sie tanzen, weiß niemand. Aber all das ist jetzt vorbei. Es regnet bereits seit drei Tagen und die Matrosen haben die Schirme und die Liegestühle weggeräumt. (...)

Vita geht schnell über das Deck und hüllt sich in ihren Schal. Sie hat eine Verabredung, und einen Mann soll man nicht warten lassen. Männer haben bekanntlich keine Geduld. Der Nieselregen verwandelt den Nebel in feinen Staub. Wasser steigt vom Ozean auf und fällt vom Himmel. Es ist der 9. April, aber in diesem Nichts im Nichts könnte es genauso gut Winter sein. Sie weiß nicht mehr, wie lange sie schon unterwegs ist. Sie hat es versäumt, sich den Tag der Abreise zu merken, und danach war es zu spät – die Zeit hatte bereits begonnen, im Kreis zu laufen. Immer wieder dasselbe Morgengrauen und dieselben Nächte. Aufstehen, sich das Gesicht in einem der Waschsäle waschen, sich um eine Tasse Kaffee und ein Stück Brot anstellen, auf irgendetwas warten. (...)

Ansonsten gibt es nichts, als bestünde das ganze Leben nur aus Essen, Schlafen, Wieder-Aufstehen, Sich-den-Bauch-Vollschlagen, bis es irgendwann einmal vorbei ist. Die Zeit vergeht und das Schiff legt Kilometer um Kilometer zurück, ohne dass man es bemerkt. Die Reise ist fast zu Ende. Ihr wäre es am liebsten, wenn sie nie zu Ende ginge. Jenseits der Reling eine trübe, dunkle Masse. Überall, soweit das Auge reicht. Sie befindet sich irgendwo inmitten des Nichts. Sie fährt nirgendwohin und kommt von nirgendwoher.

Eigentlich ist sie schon am Ziel.

Sie hat nie eine Uhr besessen, deshalb weiß sie auch nicht, ob sie die Verabredung schon verpasst hat oder ob sie wie immer zu früh dran ist. Sie hat es noch nie gewagt, sich gegen den dritten Glockenschlag aufzulehnen, dem nächtlichen Gefängnis zu entfliehen. Sie hat zu ihm gesagt: »Wir treffen uns nach dem dritten Glockenschlag.« Diamante hat bloß gefragt: »Wo?«

Als ob man sich das, worauf man kein Recht hat, einfach so nehmen könnte. Als ob es ganz einfach wäre zusammenzubleiben. Aber es war ganz und gar nicht einfach. (...)

Vita hat sich nicht nur vor den Aufsehern verstecken müssen, sondern auch vor ihren Reisegefährten – sonst wäre sie bestimmt von irgendeiner neidischen oder bigotten Reisegefährtin, die meinte, sie müsse sich einmischen, an die Aufseher oder an den spionierenden Arzt verraten worden, und man hätte sie gepackt und mit Fußtritten dazu gebracht, sich mit der Dunkelheit abzufinden. Vielleicht ist schon eine halbe Stunde vergangen. Oder vielleicht auch nur eine Minute. Diamante ist jedenfalls nicht gekommen. Was soll sie jetzt tun, die ganze Nacht, im Freien, allein mitten auf dem Ozean, ohne sich irgendwo verkriechen zu können, denn die Türen sind alle verschlossen und verriegelt. Die Bullaugen glitzern im Regen, ihre Zähne klappern, während sie sich an die salzwassergetränkte Reling lehnt, den klatschnassen Schal auf den Haaren. Sie weiß eigentlich selbst nicht mehr, was sie hier tut, warum sie hergekommen ist, was ihr Ziel ist.

Die Rettungsboote schwingen an den Eisenseilen, an denen sie befestigt sind, hin und her, sie knirschen, wenn sie der Neigung des Schiffes folgen. Heute Nacht wird es lustig werden. Der Wetterbericht kündigt stürmische See an. Auf dem Deck ist nur ein schwarzer Schatten zu sehen. Vita erschauert. Dann erkennt sie, dass es sein Schatten ist.

Der erste Glockenschlag hat die Funktion, die Ehepaare zu trennen. Nicht einmal sie dürfen hier zusammen schlafen. Der zweite Glockenschlag gilt den Verliebten. Die haben immer das Gefühl, nicht genug Zeit zu haben, um sich all das zu sagen, was sie sich noch sagen müssen – und sie zögern, kuscheln sich aneinander, streicheln sich die Hände, küssen sich oder blicken sich einfach in die Augen.

(...) Der dritte Glockenschlag gilt den heimlichen Liebespaaren. Diese Paare sind taub, blind und stur. Sie wollen den Glockenschlag, der sie zwingt, sich zu trennen, nicht hören, sie ignorieren das näher kommende Licht und weigern sich zu gehorchen. Sie sind die Heimlichtuerei gewöhnt – Betrug, Flucht und Lüge gehören für sie zur Normalität. Der Aufseher und die Matrosen schauen in jeden Schlupfwinkel auf dem Deck. Sie heben jede Decke hoch, stöbern in jedem Abfallhaufen, in jedem Gewirr von Seilen und Tauen. Sie stecken ihre Lampen in die Räume unter die Treppenabsätze, in die Eimer, sogar in die stinkenden Toiletten und Waschräume. Die Liebespaare haben Geheimgänge entdeckt, Dielenbretter abmontiert, sich Schlupfwinkel unter Bergen von Konservendosen geschaffen. Sie verstecken sich in den Kombüsen, sie klettern in riesige Töpfe und Kessel, die so groß sind, dass ein Körper oder zwei darin Platz haben. Vita kann sich gar nicht vorstellen, welche Verzweiflung die Liebespaare in die schmutzigsten Winkel des Schiffes treibt, was sie dort suchen oder vor wem sie davonlaufen. Sie weiß nur, dass alle, die sich nachts nach dem dritten Glockenschlag freiwillig in die stinkenden Gänge im Kielraum einsperren lassen, bereits alle Hoffnungen aufgegeben haben. (...)

Als die fünfundzwanzig Passagiere, die aus Minturno stammten, an Bord gingen, wurden sie ohne große Umstände in zwei Gruppen aufgeteilt. Die Männer links. Die Frauen und die Kinder rechts. Links auch Diamantes Freunde. Sie alle waren nach Ohio unterwegs, um dort Eisenbahnschienen zu verlegen – angeheuert von Agnellos Boss. Auf alle warteten Spitzhacke und Schaufel. Alle waren gleich angezogen, hatten dieselben Namen. Sie waren miteinander verwandt oder vielleicht auch nicht. Wer weiß das schon. Aber alle hatten den Platz, der ihnen zugewiesen wurde, akzeptiert und gehorcht. Vita und Diamante hingegen hielten sich an der Hand und wollten sich nicht trennen lassen. Wir müssen zusammenbleiben – mein Vater will es so, schrie Vita. Aber die Bordkommissare hatten beschlossen, dass Diamante zu groß war, um bei den Frauen und Kindern zu bleiben. Sie wurden getrennt. Diamante kam sich vor, als wäre er befördert worden. Mit elf Jahren und fünf Monaten wurde er der Gruppe der Männer zugeteilt. Damit er in der Dunkelheit nicht belästigt wurde, legte man ihn zwischen Pasquale Tucciarone und einen Priester. Diamante hat ihr erzählt, dass auch der Priester eines Nachts nach dem dritten Glockenschlag nicht zurückgekommen ist.

Inzwischen fällt heftiger Regen. Immer höhere Wellen schlagen gegen den Bug. Die Salzluft hat die Brücke glitschig werden lassen. Es ist schwierig, das Gleichgewicht zu halten. Das Schiff neigt sich – ächzend legt es sich zur Seite. Es ist ein sehr langes und schmales Schiff, es hat eine Form wie eine Erbsenschote. Es gibt nur einen Schornstein, der so hoch ist wie ein Glockenturm. Die italienischen Schiffe sind heruntergekommen, schon vor zwanzig Jahren waren sie so alt, dass sie eigentlich keine Passagiere, sondern nur noch Waren hätten transportieren dürfen. Aber mit menschlichen Wesen lässt sich mehr Geld verdienen als mit Ochsen, und außerdem sind sie zahlreicher. Also hat man Schlafkoien in die Schiffe eingebaut und sie neu gestrichen, aber das Holz unter dem Lack ist morsch. Dieses Schiff hingegen ist funkelnagelneu und glänzend – es ist ein englisches Schiff. Sogar sein Name klingt wie eine Verheißung. Es heißt Republic. Erst vor wenigen Wochen hat es die Werft in Belfast verlassen. Die Engländer haben es gebaut, um damit Italiener zu transportieren, denn die Italiener wollen nach Amerika und die Engländer nicht. Vita hat keine Angst, Schiffbruch zu erleiden, im Gegensatz zu allen anderen, die beten und alle Heiligen anflehen. Sie vertraut der englischen Schifffahrtsgesellschaft. Sie glaubt, alles, was aus dem Ausland kommt, sei automatisch besser. Und außerdem findet sie das Meer tröstlich. Ihre Mutter hatte immer zu ihr gesagt, wenn sie einmal nicht mehr weiterwüsste, solle sie das Meer betrachten. Das sei sehr nützlich, um die Gedanken zu ordnen: eine einfache, klare horizontale Linie, die Himmel und Wasser trennt, Gut und Böse, Zukunft und Vergangenheit, Leben und Tod auseinander hält.

Vielleicht ist sie eingeschlummert, denn plötzlich weckt sie das Quaken eines Frosches. Und da es mitten auf dem Ozean keine Frösche gibt, kann das nur bedeuten, dass Diamante in der Nähe ist. »Wo bist du, Vita?«, flüstert er, denn er weiß, dass er sich verstecken muss. »Siehst du mich etwa nicht? Hier bin ich, du Dummkopf.« »Wo hier?«, fleht Diamante. Seit die Scheinwerfer ausgeschaltet worden sind, ist alles dunkel. Das Deck ist ein schwarzer Tümpel, der Himmel, der Ozean, der Rauch aus dem Schornstein sind schwarz. Ich möchte dich sehen, ich möchte dich finden, aber ich schäme mich, dich zu suchen. Ich schäme mich, dir zu sagen, dass ich nur deshalb hier heraufgekommen bin, weil du mich darum gebeten hast. Bis er sie sieht. Sie ist hier. Der dritte Glockenschlag hat sie nicht trennen können. Es ist nicht gelungen, sie zu trennen. Sie ist ihm anvertraut worden. Oder er ihr – wer weiß.

Vita sitzt im Rettungsboot, dem ersten in der Reihe, das in der Luft hängt und schaukelt. Sie sitzt auf der vorderen Bank und betrachtet den Ozean. (...) In Gedanken versunken blickt sie in die Dunkelheit, in die sich das Schiff stürzt. Wer weiß, wie weit weg Amerika noch ist. Diamante klettert zu ihr hinauf. Er setzt sich die Schirmmütze auf den Kopf. Er betrachtet sie. Seine türkisblauen Augen funkeln wie Diamanten auf einer Handfläche. Wer weiß, wo die Trennlinie heute Nacht ist. Was richtig und was falsch ist. Sie sitzen im Boot, ohne zu wissen, wo das Land aufhört und der Himmel anfängt – mitten im Wasser, zwischen dem Regen und dem Ozean.

»Und was machen wir jetzt?,« fragt Diamante, der sich Sorgen macht, weil der leichte Aprilregen sich in einen Wolkenbruch verwandelt hat und die Temperatur gegen null sinkt. »Wenn wir uns aneinander kuscheln«, antwortet Vita, »spüren wir die Kälte nicht.« Zögernd rückt Diamante näher, er rutscht über die glitschige Bank. Ihre Beine berühren sich. Vitas Beine reichen nur mit Mühe bis zum Boden des Bootes. Sie ist noch ein Kind. Vitas Zähne klappern, denn sie trägt nur ein geblümtes Baumwollkleid und einen klatschnassen, durchlöcherten Schal – dabei bräuchte man heute Nacht einen Mantel oder eine Decke oder zumindest eine Öljacke wie die Matrosen. Aber was macht das schon? Es gibt nichts zu sehen, nichts zu hören, der Ozean ist ein fernes Tosen, die Luft ist mit Nebel gesättigt, kein einziger Stern und kein Sternbild verrät ihnen, wo sie sind und ob sie in die richtige Richtung unterwegs sind.

Wir sind davongelaufen und wissen nicht, was wir mit dieser Nacht anfangen sollen. Es ist noch zu früh. Mit elf Jahren haben sie ihn zu den Männern gesteckt – aber er ist noch kein Mann. Jetzt wünscht Vita sich beinahe, dass es schon Tag wäre. Die Freiheit riecht wie das Salz, nach dem Diamantes Jacke duftet. Die Passagiere können gar nicht glauben, dass Vita allein mit ihm unterwegs ist. So eine gefährliche Reise, so weit weg von zu Hause. (...)

Vita hebt die Plane an, die auf dem Boot liegt. Sie lässt sich daruntergleiten und kriecht unter die Sitzbänke. »Komm, Diamà, hier regnet es nicht. Hier unten haben wir es warm.« Sie ziehen die Plane über sich und befestigen sie an Bug und Heck. Es ist ein Spiel, als würden sie ein Baumhaus bauen. Dieses Haus ist jedoch ein Boot, das noch nie zur See gelassen wurde und nur im Fall eines Schiffbruchs zur See gelassen wird, es hängt an zwei Eisenseilen an der Außenwand des Schiffs. Jetzt kann sie wirklich keiner mehr finden. Hier können sie bleiben, bis es zu regnen aufhört, bis es Tag wird, bis sie am anderen Ufer, jenseits des großen Wassers, ankommen und die Reise zu Ende ist – solange sie Lust haben. Sie werden zusammenbleiben und niemand kann sie mehr daran hindern.

Sie strecken sich unter den Bänken aus. Sie legen den Kopf auf die Rettungsringe. Um sich vor der Kälte zu schützen, ziehen sie Schwimmwesten an und decken sich mit den restlichen zu. Auf den Schwimmwesten steht »White Star Line«. Aber Vita hat keine Ahnung, wo sich der weiße Stern befindet. Sie hat ihn noch nie gesehen. Das Schiff scheint stillzustehen. Es fährt nirgendwohin. Es schaukelt in der Dunkelheit. Es knarzt, es ächzt. Es stürzt sich in die Wellen, in die Tiefe, ins Nichts. Es gibt kein Ufer, das sie erreichen müssen, keinen Raum, den sie durchqueren sollen. Im Bauch des Bootes ist es so finster, dass sie nicht einmal Diamante sieht. Sie nimmt seine Hand, um sich zu vergewissern, dass er wirklich da ist. Das grelle Licht der Scheinwerfer dringt durch die kleinen Löcher der Plane. Die Buchstaben, die auf der Außenwand des Boots stehen, wiederholen beharrlich die Silben, die sie nie zu lesen gelernt hat. Neben ihr, an sie geschmiegt, liegt ein Junge mit einer Schirmmütze. Sie drückt seine Hand. Diamante sagt: »Warum siehst du mich so an, Vita? Ich hatte dir doch gesagt, dass ich kommen würde.« Sie sagt: »Warum bist du nicht schon früher gekommen?« Er antwortet: »Jetzt bin ich da.«

Impressum

Die in diesem Titel gewählte geschlechtliche Form bezieht sich immer zugleich auf weibliche, männliche und diverse Personen. Denn natürlich sollen unsere Bücher allen Menschen Freude bringen.

In einigen Fällen war es nicht möglich, für den Abdruck der Texte die Rechteinhaber:innen zu ermitteln. Honoraransprüche der Autor:innen, Verlage und ihrer Rechtsnachfolger:innen bleiben gewahrt.

Wir danken folgenden Verlagen und Autor:innen für die Abdruckgenehmigungen:

S. 6-11: Sergio Bambaren, Der träumende Delphin, © 1999 Piper Verlag GmbH, München
S. 21-23: Mit freundlicher Genehmigung der Herbig Verlagsbuchhandlung, Stuttgart: Nikos Kazantzakis, Alexis Sorbas, © 1982 LangenMüller in der F.A. Herbig Verlagsbuchhandlung GmbH, München
S. 25-32: Albert Camus, Hochzeit des Lichts, Übersetzung von Petra Gan und Monique Lang, © 2013 Arche Literatur Verlag AG, Zürich
S. 45-55: Olga Tokarczuk, Unrast, Übersetzung von Esther Kinsky, © Kampa Verlag AG, Zürich
S. 87: Rose Ausländer, Gesammelte Werke, Wieder ein Tag aus Glut und Wind, herausgegeben von Helmut Braun, © 1986, S. Fischer Verlag GmbH, Frankfurt am Main
S. 88-98: Ulrike Draesner, Der Kanalschwimmer, Mareverlag, ISBN 978-3866482883, © 2019 by mareverlag, Hamburg
S. 105-108: Thomas Mann, Der Tod in Venedig. In: ders., Gesammelte Werke in dreizehn Bänden. Band VIII. Erzählungen, © 1960, 1974 S. Fischer Verlag GmbH, Frankfurt am Main
S. 110-112: Wolfgang Koeppen, Die Erben von Salamis oder Die ernsten Griechen, © 2000 Insel Verlag, Frankfurt am Main
S. 120-127: Melania G. Mazzucco, Vita, aus: Vita, © für die italienische Originalausgabe: 2014 Giulio Einaudi Editore, Turin, für die deutsche Übersetzung: © 2004 Albrecht Knaus Verlag in der Verlagsgruppe Random House GmbH, München

Bildnachweise:
Cover: ArtMari / Shutterstock.com
Innenteil: Hintergründe / Illustrationen / Vignetten: www.shutterstock.com: Yuliya Derbisheva VLG, Ermakova Marina, Anastasia Lembrik, nereia, Lemaris, Kat Buslaeva, Margarita Manish, ASolo, Artlusy, solarbird, Sharapanovochka

Gestaltung Cover und Innenteil: Marielle Enders, itsme-design.de

MIX
Papier aus verantwortungsvollen Quellen
FSC
www.fsc.org
FSC® C002795

ISBN 978-3-8458-4734-4
www.arsedition.de